JN224294

絶版新書

広告に恋した男

洗剤から大統領までを売る
広告マンの仕事術

ジャック・セゲラ◎著
小田切慎平　菊地有子◎訳

東京・田園調布の小さな出版社
有限会社ソーシャルキャピタル

Jacques Séguéla:
NE DITES PAS À MÀMERE
QUE JE SUIS DANS LA PUBLICITÉ,
ELLE ME CROIT PIANISTE DANS UN BORDEL
Original Copyright © 1979 by Flammarion SA
Japanese Copyright © 2018 by Social Capital Inc. Tokyo.
Japanese translation rights arranged with
Bureau des Copyrights Francais, Tokyo.

日本語版（一九八四年）への序

日本を知ったのは、私が二十五歳のときだから、かれこれ二十五年前ものことになる。そんな年齢でこの小さな島々を訪れて、なんの影響も受けずにいることなどありえない。だれにも、人生にとって決定的な国々があり、女性たちがいるものだ。私の場合は、訪問というより、まさに衝撃だった。日本との衝撃に、いやおうなく我々はひきあわされ、結局我々はさらに先へと進むことができるようになったのだ。

一九五九年八月一日、私はシトロエン2CVで東京に到着した。フランス車による初の世界一周旅行をしていたときのことだ。この旅が私の人生を変えた。私は薬剤師をやめ、フランスを旅立ち、帰国後はジャーナリストになった。そして広告への第二歩をも進めた。というのは、第一歩はすでに旅の途中、日本で踏み出していたからだ。この旅のあいだ、私は一ヶ月のうち、最初の一週間に稼いだ金で、のこりの三週間を食いつないでいた。だが日本語がまったくわからないのに、どうやったら日本で仕事にありつけるというのだろう。私はそのとき、話さなくてすむ仕事を考えだした。つまり生きたマネキン人形になるのだ。うまいことに西武デパートが、このアイデアを採用してくれた。ぼくは紳士服バーゲン売場の動くマネキンになった。この道化じみた仕事はけっこうな収入になり、私の日本での生活を十二分に潤してくれた。私がその後、厳しさを増していった報道界を去り、真新しい広告の世界に飛び込んだのも、この最初の成功があったからこそだといえるだろう。だが私は、理論通りの仕事をしようなどとは思わなかった。横浜の埠頭で、ある日本の友人が言った別れの言葉は忘れがたい。「君は日本についてたくさんの定義をして帰って行くんだね。だけど東洋人からみた西洋人の定義は、ひとつだけだよ。西洋人っていうのは、背が高くて、なんにでも論理的な説明をつけたがるってことさ」この言葉によって私は、デカルト的な精神を捨て、理論体系を吹き飛ばそうという意欲をかきたてられた。

二冊目の著書『Hollywood lave plus blanc（ハリウッドは、より白く）』で、私は古めかしいコピー戦略、つまり半世紀の間、アメリカが世界に君臨するのを許してきた月並みな広告論を打破した（次はこの本が翻訳されることを祈っている）。

だが、まず最初から始めよう。私自身の自己紹介をさせていただこう。私は、広告マンであると同時に、いささか大げさな男《メガロマーヌ》だ。しかし広告マンでありながら大げさでないなんてことがありうるだろうか。この二百五十ページほどの履広告書を読み進まれるうちに、読者の皆さんは私の広告への情熱がしだいに高まっていくのがわかるだろう。私は、広告に、夢中なのだ。だが気をつけた方がいい。この熱は伝染する。だれも、この情熱的なヴィールスから逃れることはできない。もしあなたが不条理なものにひかれる心をお持ちなら、もしイマジネーションの欠如に悩んでいるなら、感染しないうちにこの本を閉じた方がいい。広告を好きになり始めたら、あなたは骨までしゃぶりつくされる。広告というのは、情熱の女なのだ。

このように大胆な企画を打ち出された晶文社の御厚意には、どんなに感謝しても感謝し尽せない。また小田切慎平、菊地有子の両氏にもお礼を申し上げたい。両氏もまた広告の魔力にとりつかれながら、その奔流のような激しさにのまれることなく、訳出を担当してくださった。翻訳はオリジナルを超えていく。だがこうした応用の妙技こそ、日本がもっとも得意とするところではないだろうか。

読者の皆さん、もうおわかりいただけただろう。雪崩のような勢いにのまれずに読み終ることができたならば、あなたはもうコミュニケーションの大家族の一員だ。世界中どこでも、君は友情をもってむかえてくれる仲間に会えるだろう。私がこうして皆さんに友情を捧げるように、読者の皆さんが私に友情を捧げてくれることを願いつつ。

ジャック・セゲラ

ブックデザイン　斉藤よしのぶ

広告に恋した男　目次

ルー、カイザック、グーダールに捧ぐ

はじめに

この本は、セゲラによってというより、セゲラのために書かれたものです。つまり、自分自身のための回想録というところでしょうか。

「回想」という言葉の意味を、お間違えのないように。作者の思い出を、読む人の心の中に残すために書かれたのが回想録です。つまり作者の願いは、読者の思い出に残ることなのです。広告マンとして、コーヒーや油、自動車、洗剤などを華々しく売出してきましたが、有名になった商品に比べると、自分の名前はさっぱりです。そこで今度は、ぼくが一番よく知っている商品、つまりほかならぬこのぼくを、皆さんにご紹介しようというわけです。

広告マンという人種は、うぬぼれ屋で、ナルスシストです。でもそれは、仕事柄まったくしかたのないことです。いつも商品の長所だけを取り上げているので、自分のことも良く言ってほしいと、つい思ってしまうのです。ラムネ〔一七八二〜一八五四。フランスの宗教哲学者〕は、人に愛されるのが、何よりも好きでした。広告マンも、これと同じなのです。

あなたが今、手にしているのは、見栄っぱりで、誰からも好かれたいと思っている男の書いた本なのです。

それでは、どうぞごゆっくり。

編集部注

文中に出てくる名称・社名などは旧版（一九八四年発行）のものをそのまま採用しています。

こうしてルー・セゲラ社が生まれた 1969年

もし人生をもう一度やり直せるなら、広告という仕事をやってみたい。

——フランクリン・D・ルーズベルト

〔アメリカ合衆国大統領〕

大統領になる前ジミー・カーターは、ピーナツを売っていた。ぼくは、広告マンになる前、肝臓薬を売っていた。カーターという名の薬だった。

大統領になるにも広告マンになるにも、特別の学問や卒業証書はいらない。何をしていても、広告にたどりつく。その証拠にぼくは植物学からこの道に入った。もっとも植物学を専攻したのは、ぼく自身の希望ではなかった。父親の意向で、ぼくはしぶしぶ薬学部に通っていたのだ。まるで子供が、親に言われて毎週日曜日に教会へ行くようなものだった。教会に熱心に通う人が、必ずしも牧師になるわけではないが、薬学部に通うと、いや応なく薬局勤めが待っている。だが、すぐに、自分には白衣の人生が似合わないことに気がついた。仕事を変えるべき時だった。

あの頃のぼくには、一番手っとり早く仕事にありつく方法はこれしかなかった。つまり世界一周旅行をすることだ。ぼくは、シトロエン2CVで、人生の方向転換をはかった。四百日の野宿、四十五ケ国、五つの大陸にわたる十二万キロの旅だ。題してフランスの車による初の世界一周。そして広告との出会い。これが運命の始まりだった。

つまりこの旅行の費用を賄ったのが、他ならぬ広告だったのだ。ぼくにとっては、二重の意味のある旅だった。たったひとりで冒険に乗出すのはさすがに心もとないので、ぼくは親友のジャン＝クロード・ボドーをひき込んだ。ぼくたちは、自動車の部品会社を五百社選び、手紙を送った。文面は、私たちの旅行が成功したあかつきには、貴社はこの壮挙の協力企業の栄誉を手にされるでしょう。ぜひ財政援助をお願いしますといった紋切り型のものだった。最初に手紙を送ったのが、シリンダー・ヘッドのガスケットの製造会社。折り返し返事がきた。

「地球を漫遊なさろうという貴殿が、出発まぎわのこの今まで、シトロエン2CVにはシリンダー・ヘッド・ガスケットが使われていないということを御存知ないとは、まことに遺憾です」

シトロエン社は、もっと手厳しかった。

「我社は、奉仕団体ではございません。シトロエンの車を一台お買上げになり、安全に運転なされますよう。ご帰還の際には、喜んでお出迎えいたします」

ぼくは、この招待を決して忘れなかった。この手紙を書いたクロード・プーシュやジャック・ヴォルゲンザンジェたちは、十六年後にぼくがシトロエンの広告を手がけることになろうとは、夢にも思わなかったはずだ。

当時ぼくは、フランスの中ではもっともイタリア的なペルピニャンで、優雅な学生生活を送っていた。ペルピニャンはスペイン国境に近いせいで、カタロニアの影響が強いと思われがちだが、実際はその反対だ。ペルピニャンには、ナポリのような雰囲気があふれている。窓には洗濯物、人の心はあけっぴろげでおおらかだ。太陽と心が燃える、熱気のある街。あるがままの、のんきな街。そして道ならぬ恋と正真正銘の詩心がある。ダリは、ここを活動の中心地にし、ピカソは、情熱の隠し場所にした。シャルル・トレネにとっては、子供時代の遊び場だった。

人々の性格には、生まれた場所の土地柄が反映しているものだ。ぼくも、ペルピニャンからは長所や短所を受け継いでいる。それにぼくは、父親からは外国への憧れを、母親からは奇異なものへの憧れを受け継いだ。父は大の旅好きで、まさに旅を信奉していた。母は、宗教を旅した。カトリックでありながらプロテスタントでもあり、毎週かわるがわる両方の教会に通ったのだ。司祭や牧師は、どちらかひとつだけにすべきだとさんざん説得したが、結局折れたのは彼らだった。ぼくは、世俗の人である父と神の民である母の間に生まれたというわけだ。もっとましな親だったらと思ったところでしかたがないが……。

結局、親から受け継ぐものは欠点ばかりだ。自分を確立するためには、まず親を乗り越えなければだめだ。ぼくの世界旅行は、親の権威を否定して、宗教的な影響力から抜け出し、旅の常識をくつがえすためのものだった。普通、旅行者というのは、見物になるべく時間をかけたがる。だがぼくたちは、出発したとたんに帰ることとしか考えなかった。太陽との追いかけっこ、つまり時計の針との競争だ。どこかの国の首都に着いて、気にかかったのはただひとつ、名作を見に行くことではなく、仕事を見つけて旅費を稼ぎ、できるだけ早く出発することだ。だからぼくたちの一番の思い出は、エンパイヤステートビルでも、タージマハールでも、リオのキリスト像でもなく、東京の西武デパートだった。名所旧跡ではなく、なんと百貨店だったというわけだ。言葉もろくにわからないこの街で、仕事にあぶれたらと思うとまったくぞっとしたものだ。ぼくは、一か八かやってみることにした。西武デパートの部長に、報酬は出来高払いでいいから、店内で、ある広告戦術を展開させてほしいと申し出たのだ。「ぼくたちにショーウィンドウをひとつ任せていただけませんか。費用はいっさいかけずに、売上げを増やしてみせます。増えた分の何パーセントかを、ぼくたちの取り分としてもらえればいいんです」

西武の部長は、半信半疑だったが、微笑んでこう言った。「君たちの好きなウィンドウを選んでくれ」

ぼくは、ボドーといっしょにメンズ・ファッションのコーナーへ行って、マネキン人形の真ん中に立った。それから八時間、二時間ごとに衣裳を変えて、ぴくりとも動かずにマネキン人形のふりをしたのだ。このちょっとしたことにひきつけられて、まもなく売り場には人だかりができていった。四日間で売上げは倍増し、ぼくたちはインドまでの旅費を手にして、後も見ずに東京を離れた。

世界旅行の次が、パリめぐりだった。インタビューを受け、雑誌や本に記事を載せ、プレイエルで講演会を開いた。これが、世界一周のあとのパリめぐりだ。そして決定的な出会いがやってきた。シトロエンが、初めてぼくに広告パンフレットを依頼してきたのだ。この叙事詩的冒険を十四ページにまとめたパンフレットだ。ぼくたちは、右側のページにすばらしかったことを書き、左側のページには幻滅したことを書いて、7-7=0という等式で全体をまとめた。これが、ぼくの最初の広告コピーとなった。もっとも最悪の出来だったが。

＊

どんな退屈きわまりない広告でも、ひとりぐらいはまじめに読む人がいるものだ。そのひとりが幸運にも、レイモン・カスタンだった。彼は、現在リュクサンブール放送のディレクターで、そのかたわら執筆活動を続けているが、当時は『パリ・マッチ』誌の部長で、劇作家としても活躍していた。ぼくが今日あるのは、まさに彼のおかげだと言える。ほんの何分か会って話をしただけでカスタンは、ぼくの人生を変えてしまったのだ。彼自身が、どうやってユニークな人生の方向転換を成し遂げたのかは、ぼくにはわからない。しかし彼がいたからこそ、かつての『パリ・マッチ』の半数のスタッフが、現在リュクサンブール放送のジャーナリストとして活躍することになったのだ。もしそうでなければ、これらのジャーナリストのうちのフィリップ・ブーバールは相変らずペンを握っていただろうし、ミッシェル・ドリュッカーも、いまだにスポーツ記事を書いていたにちがいない。

ぼくはカスタンのおかげで、ジャーナリズムの真只中に飛び込むことになった。経営者のジャン・プルヴォーは、自分の考えが編集にはっきり出てこないので、始終文句をつけていた。

ぼくは世界を飛び回れると思い『パリ・マッチ』に入ったが、その晩からすぐ会社にこもりっきりになってしまった。夜の十時から翌朝十時までの間、どんな小さなニュースにも対応できるように入信をチェックするのが、ぼくの仕事だったのだ。だがこの仕事についていた一年のあいだ、フランス中で一番先にニュースを知り、それが記事に値いするかどうか真っ先に決めるのが、このぼくだという思いがいつもしたものだ。

この仕事の次は、おおいに外を飛び回った。世界中のいたるところに取材に行くのだ。積極的な行動、リスク、出発前の不安、疲労と倦怠、そして帰るときの自慢したくてうずうずするような気持ち。こうした記者たちの舞踏劇に采配を振るっていたのが、南仏はラングドック生まれの男だった。まず彼が記事のテーマと方針を決め、でき上がった記事の一行一行に手を入れて、パンチのきいた言葉に置き換えていく。ぼくは、知らず知らずのうちに彼から編集長、演出者、企画者のあり方を学んでいった。彼には、人に才能を与える才能があったのだ。

南仏生まれの彼は、おやじさんといった感じだった。体つきはずんぐりしていて、人が良く、豊かな抱擁力の持ち主だ。彼ほど仕事に尽し、惜しみなく助言を与えてくれる人は他にはいない。彼は、大地のようなリズムで生活していた。激しい労働をしている農民の一見ゆっくりとしたあのリズムで、仕事を作り上げていくのだ。『パリ・マッチ』をはじめ『マリー・クレール』や『テレ・セット・ジュール』、『ラ・メゾン』などを創刊してきた彼は、まるでそんなこととは無縁な農民のような調子で仕事をしていたが、彼の作品は、まさに目を見張るようなものばかりだった。彼の知性は、燃えつきることのない薪のようにいつもパチパチとはじけていた。彼のオフィスに行くと、まるで炉端にいるようだった。ぼくたちは、かわるがわるにそこへ行っては、精神《エスプリ》を暖めた。彼の一言で、記事が豊かになり、うまく言い表わせなかったことが、すっきりと表現できるようになり、眠っていたものが目を覚し、「ストレス」を解消することができた。

彼のところへ行けば、必ず何か得るものがあった。万事休すという時にも、眼を閉じて彼のことを思うだけで出直す力が湧いてくる。

その人の名は、幸わせ《ボヌール》といった。ガストン・ボヌール。

＊

四年間、あちこち飛び回っているうちに、ぼくは人生の節目をすっかり忘れていた。二十七歳になってもまだ兵役を済ませていなかったのた。ぼくは軍隊に入るより先に、実社会に飛び込んだ。人生の順序を無視した過ちは、いずれ償わなければならなかった。ぼくの身分は、有望な若手ジャーナリストからいきなり雑役係の二等兵に変ってしまった。だがそんな不運は、すぐに吹き飛んでいった。人生の川を渡るとき、運命はいつもぼくに手を貸してくれる。兵役などなんの意味もないものだが、新しい友だちができれば話はまた別だ。ぼくは、偶然にもジュスト・ジャカン、フランシス・ヴェベール、フィリップ・ラブロたちと同室になった。ぼくたちは補給物資の輸送隊に配属されたが、将校の運転手になどなるつもりはなかったので、兵隊向けの週刊紙『タム』の発行を申し出た。許可が降りて、ぼくが編集長におさまった。週刊紙の発行も初めてのことだったが、未来の『エマニュエル夫人』の監督ジャカンと、フランス映画界の最高の脚本家ヴェベールと、その後フランスでもっとも注目を集めるジャーナリストになったラブロたちと仕事ができたことは、ぼくにとってはまさに最高の学校であり、貴重な経験となった。ぼくはこうして第一級のジャーナリスト修行をすることができたのだ。

こうした運命のいたずらのおかげで、ぼくはすっかりのぼせ上がっていた。すべてがうまく行くような気がして、除隊したら、なにか大きなことをしてやろうと決心した。ぼくは、初の旅とレジャーの月刊誌『ヴィア』を、世界一周旅行の相棒ボドーとふたりで創刊することにした。ぼくとボドーは、まさに好一対《こういっつい》だった。ぼくが表面なら、ボドーは裏面だ。ぼくが秩序正しく、彼は自由奔放。ぼくが情熱家だとしたら、彼は理性の人。ぼくが野心家なら、彼は慎重派といった具合いだ。正反対だからこそ、ぼくたちは逆にしっかりと結ばれていた。ふたりは、釣合いがとれていた。とくに行動面ではそうだった。ボドーは、自分は動かずに、人を行動に駆りたてる。彼は、イランから遠く離れて革命を成し遂げたホメイニ師のように、冷静沈着に一大波乱を巻き起す男なのだ。身長わずか一メートル五十八センチ、天使のような瞳にまじめそうな顔つき。彼は、自分で自分のことを「世界一チビの探険家」だと言っていた。それに、有名になりたいが反対に無名のままでいたいという、相反する望みを持っていた。ボドーは、ぼくを一ヶ月もアメリカ大陸にほおっておいて、母親と約束したからと言って、ぶどうの収穫に行ってしまったりした。だがぼくは、四百日間に回った国々で学んだ以上に、ボドーから多くのことを学んだ。常に目新しいものを追っている彼と行動をともにすると、びっくりするようなことばかりだった。

ぼくたちは、今までとは違う目で、世界を捉えようとした。雑誌作りも、世界一周と同じだった。でき上がった道を行くのはやめ、定石を拒んで、革命を起そうと、『ヴィア』の一ページ一ページに目を光らせた。すべての記事に自分たちの精神を浸透させ、ついには広告まで変えていった。広告も、『ヴィア』独自のスタイルにして、読者が記事と広告の間に違和感を感じないようにしたのだ。

この新しい冒険は、六ヶ月程続いた。しかしそのときのツケで、ぼくはそれから十年間も苦しむことになる。

新しいアイデアを打ち出すことに夢中で、採算まで頭が回らなかったのだ。

これが、ぼくの一番の欠点なのだ。

＊

最愛の息子の死にも似た雑誌の廃刊。ぼくは、人生でかけがえのない、未来への展望を失なってしまった。こんなとき人は、食欲を無くし、眠ることも愛することも、笑うことさえ忘れてしまうものだ。

ぼくは行き詰まって、路頭に迷う破目になった。最初に助けを求めたのは、元の雇い主のジャン・

プルヴォーだった。だが彼は、ぼくが独立する時に裏切られたと思っていたので、代理にエルベ・ミルをよこした。ミルは、ぼくをエドモン・ド・ロースチルド男爵のところへ行かせた。ぼくはさらにそこから地中海クラブの創立者ジェラール・ブリッツのもとに預けられた。だが時期が悪かった。トリガノという男に社長の椅子を狙われて、地中海クラブの帝王はそれどころではなかったのだ。ぼくは結局行き場を失なって、かねがねパリで最高の新聞だと思っていた『ラントランシジャン』紙に駆け込み、アンリ・マッソー部長になんとか拾われた。新聞界の大御所である彼には、雑誌の廃刊が編集者の死にも等しいということが、よくわかっていた。

十二月の霧の深いある日、ぼくたちはレオミュール通りのピエール・ラザレフのオフィスに、ノックもせずに入った。マッソーは、ラザレフにぼくのことをうまく推薦してくれた。ラザレフは、微笑んで、ただ一言こう言った。「明日から来てくれ」

ぼくには何人もの育ての親がいる。ガストン・ボヌールの次が、このラザレフだ。ぼくはラザレフから、言葉の威力というものを学んだ。それは、とどまるところを知らない力だ。言葉は、コミュニケーションの世界に君臨するメディアの支配者なのだ。良きにつけ悪しきにつけ、言葉によって評価が決り、運命さえ左右される。言葉は、ニュースや商品に対して生殺与奪の権限を握っているのだ。言葉こそ、活字文化の全能の神だと言える。

ピエール・ラザレフは、まさに言葉の帝王だった。一九六四年三月、パリではめずらしいほど寒い朝だったが、その日ラザレフから召集がかかった。呼び出されたのは、『フランス・ソワール』紙や他の雑誌のチーフ・エディター、十名ほどだった。ラザレフは、朝刊の売上げが落ち込んでいることに気をもんでいた。毎日の部数は、全体の十パーセントにあたるキオスクを常にモニターしているので、すぐに把握できるのだ。『フランス・ソワール』は、「一面」の大見出しによって、売上げが違ってくる。つまりその日の大見出しが、一年中で一番つまらなかったということだ。担当者が、申し開きをした。

「ニュースがないからです……」と彼はうめくように言った。

「よろしい、これからコンクールをしよう」ラザレフが皆に言った。

　各人が紙きれに見出しを書き、折りたたんで机の上に置いた。一番年下のぼくが、その紙きれを開いて読みあげる役だった。ぼくはそれとなくラザレフのメモに目をつけておいて、最後に読みあげた。それは、八段ぶち抜きの〝Brrr〟（おお寒い！）という見出しだった。このタイトルのおかげで、『フランス・ソワール』の売上げは、いっきに盛り返した。

　ピエール・ラザレフは、風采の上がらない小男だったが、彼ほど大きくて、すばらしい男もいなかった。その外見など永遠に忘れてしまうほど、彼の人となりは魅力に富んでいた。彼は、年がら年中、目の粗い、黒いウールの背広を着て、衿のはね上がった白ワイシャツに、くたびれたネクタイ、たるんだズボン吊りといったかっこうで、まるでニューヨークにいるユダヤの小商人といった感じだった。それに一日中、徹夜明けのような顔をしていた。彼の唯一の贅沢というのがチョッキで、突飛なのや悪趣味なのや、様々だった。給仕頭の着る縞のチョッキ、年寄りのよく着るウールのチョッキ、ファッション雑誌のグラビアに載るようなチョッキ、ブルジョワ風のきっちりとしたチョッキ。彼のチョッキには、毎日びっくりさせられたものだ。

ラザレフには好きなものが二つあった。ひとつは人形。もうひとつ、こちらの方は男として普通だが、生身の人形だ。彼の広いオフィスの四分の三は、記者たちが世界中から持ち帰った人形で埋まっていた。そのひとつひとつが、ルポや大見出しやスクープの思い出なのだ。ラザレフの語り口は独特だった。「コーカサスのかわいい百姓娘の人形は……」ではなく、「この人形が、一九五九年六月のフルシチョフとの独占インタヴューなんだよ」という具合なのだ。それに彼は、あらゆることを記者生活に結びつけていた。若い、これからの女優たちに愛情を注いでいて、いつも何人かと電話で話をしていた。とはいってもけっして男女の関係ではなく、あくまでも仕事への情熱のあらわれだった。ラザレフは、このつき合いのおかげで、若さの息吹きと、映画界やショービジネスの最新のゴシップを手に入れていたのだ。こうして彼は居ながらにしてパリの動向を探り、恋愛地図を日々塗り替え、だれよりも早くセンセーショナルな婚約や、衝撃的な愛の破局の記事をものにした。

四月のどんよりとした午後のことだった。パリは物憂げで、ぼくは憂さばらしに、グラン・ダルメ大通りの映画館ル・ナポレオンに、マチネーを見に入った。ハンフリー・ボガードとローレン・バコールが演じる悲しい恋人たちのポスターにたまらなくなって、つい飛び込んでしまったのだ。ところが休憩時間に、ラザレフがブリジット・バルドーの妹ミジャヌーを連れて、客席に現れたのだ。ぼくは、すっかり恥入ってしまった。

「やあ、セゲラ、息抜きかい？　もっとも俺の方は、言いわけがたつけれどね」と言いながら、ぼくのボスは、ミジャヌーの肩に手を置いた。

翌日『フランス・ソワール』は、他紙よりいち早く、ブリジット・バルドーとギュンター・サックスとの結婚を報じた。

＊

パリは、息づいていた。若き狼たちはアメリカン・ドリームと結ばれ、新旧両世界の婚礼の宴が、華々しく行なわれていた。フィリップ・ラブロは、アメリカの新聞王ランドルフ・ハーストをめざし、ジュスト・ジャカンは写真の帝王アヴェドンに、ジョニー・アリディーはロックンロールのプリンス、エルビス・プレスリーに近づこうと必死だった。フラワーパワーとＬＳＤを広めたヒッピーたちは、カリフォルニアのキャンパスで育ち、パリ大学ナンテール分校の学園紛争に火をつけた。六八年の五月革命は、すぐそこまで来ていたのだ。ツイストとフォークの祭典。ポップ、トリップ、シットなどの新語が、「良きフランス語」をおびやかし、フランスはまさに、ロサンジェルスやニューヨークと同時代を生きていた。ジーンズが世界中に広まって、階級の壁をとり払った。

一九六四年二月二十三日、ぼくは三十歳の誕生日を迎えた。数字というのは、ひとつの象徴だ。三十歳をむかえたとき、ぼくには人生の三分の一が過ぎたように思えた。そして突然、将来の不安に襲われた。この記者時代の三年間に、新聞の発刊部数は大幅に減り、首切りで失業者が増えていた。約束の地はどこかほかにあるのではないか、ぼくはそう思い始めていた。そのことをラザレフに話すと、彼もまた同じ考えだった。新聞の世界では、もうずっと以前から、幸運は勇者たちに微笑まなくなっていたのだ。「ブリュースタインみたいに広告をやったらどうだい。まだ十五年は冒険できるよ」

その時、ぼくはシトロエン社からの手紙を思い出した。「貴殿が、世界一周旅行から戻られましたら、是非おこしください」ぼくは、さっそくシトロエンのクロード・プーシュに面会を申し込んだ。プーシュは、ぼくの目の前で、広告を頼んでいる会社に電話をかけた。ここの社長のデルピールは、すぐにぼくを雇ってくれた。こうしてぼくは、電話一本で、広告マンになった。

広告のことも、デルピールという男のことも、ぼくは何も知らなかった。だが彼は、コンピューター並みの速さで美しいものを捉える眼力の持ち主だったのだ。広告界には派手好きな連中が多いが、彼はいつも厳しく自分を律していた。言葉のレッスンを終えたぼくは、今度はデルピールからイメージのレッスンを受けることになった。しかしこれには強い意志が必要だった。気軽に職業など変えるものではない。つい昨日まで、ぼくは若き編集長としてもてはやされ、新聞界の大御所からも恐れられる、ラザレフの秘蔵っ子だった。それが将来を棒に振って、今は無名の広告会社の名もない一チーフなのだ。給料もこれに応じてつつましいものになってしまった。毎朝、古巣の『フランス・ソワール』へ通じるレオミュール通りに足が向きそうになるのを、歯をくいしばって我慢した。一番つらかったことは、広告マンはジャーナリストと違って、ただの出入りの業者にすぎないということだった。ジャーナリストには、扉はいつも開かれているが、広告マンには閉ざされているのだ。この辛さを忘れるために、ぼくはやみくもに仕事をした。

つまり仕事を三つ、かけもちしたのだ。まず第一に生活のために広告の仕事をした。二番目は『ヴィア』の負債を返すための、テレビ向け冒険番組のプロデュース。三番目は、いつか独立するときのための資金作りだ。三番目の仕事が、一番つらかった。ぼくは、ギイ・ショレールから、まったく苦役のような仕事を引受けたのだ。当時彼はフランソワーズ・サガンの夫であり、『リーブル・ド・ポッシュ』の編集長でもった。仕事の内容は、四半期ごとに四百ページの本の内容案内を書くというものだった。そのために、ぼくはよくわかりもしないテーマについて、一日に三十ページも書く破目になってしまった。まさに地獄の難行苦行だった。

＊

絶望して沈みこんでいても、ある日突然、恋の青空を見つけることがある。恋はまるでジェット機のようだ。たった一日で、北極から熱帯まで、連れていってくれる。朝、寒さに顔をしかめながらパリで目を覚まし、夕方にはカリブの浜辺で、すっかり日に焼け、満ち足りた気分で眠りに落ちる。ほんとうにこんな感じだった。

ある朝、ぼくはむっつりとした顔で家を出て、夜にはまるで熱にうかされたようになって帰ってきた。恋におちたのだ。広告というものへの恋に。恋には、キューピッドがつきものだ。ぼくのキューピッドは、なんとうれしいことに詩人だった。それも誰あろう、ジャック・プレヴェールだったのだ。人材活用にかけては天才的だったデルピールは、ぼくにある製薬会社のアカウントを任せることにした。なんという運命の皮肉だろう。ぼくは世界一周をしたりジャーナリストになったりして、薬学部出身ということを忘れるために七年もかけたのだ。それなのにものの見事に、デルピールに首根っ子をおさえられてしまった。

ぼくはルーセル製薬の担当になった。これでふりだしに戻ったわけだ。ルーセル社では新薬の発売のために、国内の医師五万人を対象にした十回シリーズの広告展開を行なう予定で、そのためのグラフィックのアイデアを探していた。どこの製薬会社も、二十年来同じ要求を繰り返してきた。つまり同じようなことが二十回も行なわれてきたということだ。いったいどんなわけで、ぼくがプレヴェールのコラージュを使おうと思いついたのかは、もう思い出せない。しかしこの突飛なアイデアが、ぼくの人生を変えることになった。

大物とコンタクトをとるには、どうすればいいか。こんなときジャーナリストとしての経験がものを言った。電話をプレヴェールにかける。それだけでいいのだ。

電話帳を見ると、プレヴェールの名は、プレヴォーとプレヴィル、プレヴォワザンの間にある。まるで在庫票のようだ。そうしてお伽話が始まった。プレヴェールは、ピガールに住んでいた。ムーラン・ルージュのすぐ上だ。荒れた建物が中庭の奥にあり、階段を登ると、そこが詩人の家だった。プレヴェールは、自分でドアを開けて、ぼくを招き入れた。家には召使いも女中もおらず、ただ大きなネコが二匹いるだけだった。

彼のアパルトマンはひどく変っていて、まるで洞窟がいくつもつながったような感じだった。しっくいの円天井に、でこぼこの壁、まさに原始人の洞穴、ピガールに出現したカッパドキアの地下回廊といった感じだ。プレヴェールは、ありきたりのアパルトマンを、コプト人の地下礼拝堂《カタコンブ》にすっかり変えてしまっていた。僧院で使われていたような長いテーブルで、彼は立ったまま仕事をしていた。彼の後ろには、テラスの窓越しにムーラン・ルージュの色褪せた大きな風車が回っているのが見えた。ぼくははじめ、かつてサンジェルマン・デ・プレでならした詩人は、いかにも詩人らしい顔つきをして、芸術家然とした身なりをしているだろうと思い込んでいた。だが実際のプレヴェールは、いかにも御隠居といった感じだった。彼は、デパートの吊しで買っただぶだぶのガウンをはおって、ジタンの燃えさしをくわえていた。だが一番変っていたのは、いつでもスリッパばかり履いていたことだ。外へ出かけるときまで、スリッパを履いて行くのだ。映画を変革し、文学に一大旋風を巻起した詩人が、こんなスリッパ履きののんきな生活を送っていようとは。とはいえ彼の中には、まだまだ若い反骨の詩人のような辛辣さがあった。ある日のこと、七時からでないと番組は始まらないのに、プレヴェールがテレビをつけて、何も映っていない画面を見ているので、ぼくはびっくりした。

「テレビは、今にきっと我々の魂をだめにしちまうぞ」とプレヴェールはつぶやいた。「今は、テレビは情報を出すだけにとどまっているが、いずれ我々の欲望や判断や悩みにまで口出しするようになる。人間のかわりに、テレビがセックスするようになるかもしれない。だから今のうちに、ただ漫然と見るのではなく注意して観る習慣をつけておくんだ。つまりテレビに対する免疫をつけるんだよ。番組のないときの方が、やりやすいからね。移りかわる画面に向って、いちいちこれは嘘だ、まやかしだ、とは言えないだろう」

プレヴェールは、今までに一度も広告の仕事を手がけたことがなかった。彼が広告を拒んでいたわけではなく、広告の方で彼を見過していたのだ。彼は、コミュニケーションの新しい領域を知って、すっかり魅せられたようだった。

「仕事を引受ける前に、まず広告のことをきちんと知っておきたいんだ。話してくれないか。だが今日はだめだ。前書きをひとつ仕上げないといけないんでね。手伝ってくれるかい」

手伝うといっても、ぼくは腰をおろして、彼が書くのを眺めているだけだった。

それから毎日、ぼくは彼の家に通った。プレヴェールは、ぼくの目の前でことばのコラージュを制作しながら、たえず広告のことをたずねてきた。ぼくが答えられないと、「よく考えて、明日、答を聞かせてくれ」と言うのだった。ぼくは、彼の家に通うのに慣れていった。プレヴェールは、だれかがそばにいる方が創作に熱が入るらしかった。三日目ともなると、ぼくは家族同様になった。ぼくの役どころは、執事だった。プレヴェールは、ドアを開けに行くのが大嫌いで、「悪い知らせはドアのベルを鳴らし、良い知らせは電話のベルを鳴らす」と、よく言っていた。ぼくはまた料理人でもあった。彼の「昼飯を一緒にどうたい」というのは、つまり「スパゲッティを作ってくれ。それもタマネギ入りのやつをね」ということなのだ。だがぼくのほんとうの仕事は、本の整理だった。何もしないでいるわけにいかないので、ぼくは彼に、机の上に積み重なっている本を片づけていいかとたずねた。部屋中、本でいっぱいだった。「俺はもう本を読むような年じゃないんだよ、読書っていうのは、ボクシングみたいなものでね。若者のスポーツなんだよ。眼鏡をかけるようになったらおしまいさ。それにもう他人の書いた本を読む暇はない。自分の本に取組まなくてはならないからね」

たしかに詩人は、知の糧よりも地の糧の方を好んだ。いつだったか、ちょっと通りまで出てプチ・ロベールを買ってくれるようにと言われたことがあった。ぼくは急いで本屋に行って、辞書《プチ・ロベール》の最新版を買って帰り、それをテーブルの上に置いた。プレヴェールは、いきなり笑い出した。「セゲラ、昼飯にそれをどうしようっていうんだい。俺が頼んだのは、カマンベール・チーズの『プチ・ロベール』だよ」

プレヴェールは陽気で、どんなことでも楽しいものに変えてしまった。彼のおかげで、ぼくも目をみはるようなすばらしい新天地に旅立つことができた。今まで思っても見ないようなフロンティアだった。そこは、新しいコミュニケーションの冒険者たちがめざす開拓地なのだ。ビジネスとアートの間には、まだどんな規制も信条もなく、善悪のはざまで行くべき道を模索している国があり、リーダーを求めていた。この国の未来を背負うのは、このリーダーたちだ。金を信じる者は消費社会に生き、精神に身を捧げる者は情報社会に生きるのだ。

人生にはそれぞれ戦いの場がある。ぼくの戦場は、広告にあった。

ついにプレヴェールは、最後のコラージュを仕上げ、ぼくたちの知の果てへの旅も終る日がやってきた。プレヴェールは、ぼくの血がたぎっているのを感じとっていた。「新しい分野を掘り起す、それが才能っていうものだ。俺たちの時代は、映画だった。だからこそ映画に飛び込んでいったんだ。君たちの時代は、広告だよ」

プレヴェールは、ラザレフと同じ考えだった。

*

ぼくは広告に夢中になった。ちょうどその頃、ぼくのいた会社は各界につながりを求めていた時期だった。デルピールは、将来有望な若手たちと自然なかたちで接触していった。例えばレジー・パニエがいる。彼はのちにフィリパッチと組んで、『サリュ・レ・コパン』、『マドモアゼル・アージュ・タンドル』、『リュイ』、『プレイボーイ』、『ルック』といった雑誌を創刊した。アンドレ・フランソワは、当時すでに『ニューヨーカー』の表紙で有名だったが、彫刻の方ではまだまだだった。モノリーも当時はアート・ディレクターで、画家ではなかったし、ウィリアム・クラインも写真家としては活動していたが、映画の方へはまだだった。

仕事は、またもとに戻ることになった。ぼくたちは、シトロエン社から、全広告費《アカウント》の六十パーセントを任されることになったのだ。会社中、大騒ぎだった。シトロエンがひとつくしゃみをすると、会社はカゼをひいてしまうほどなのだ。毎年二十万フランの予算を、広告以外のことに用いるというのが、シトロエン社の最重要課題だった。この自動車業界の老舗は、競争相手のルノーやシムカ、プジョーなどとは一線を画して、同じ広告媒体を使おうとしないのだ。そこでデルピールは、この予算を豪華本の出版につぎ込んだ。彼は、本の内容に工夫をこらし、大々的に刷新をはかった。だが、悲しいかな、本の出版だけでは、新聞、ポスター、映画、ラジオ、テレビなどのメディアミックスに大刀打ちできるものではない。その様子を見ているうちに、ぼくは、本当の広告、これぞ広告というのをやってみたくてうずうずしてきた。ここでぼくは、デルピール社を辞めることにした。もっと華やかな仕事に憧れていたのだ。

＊

二年間、フランスでトップクラスのグラフィックデザイナーの仕事に感嘆して過すうちに、ぼくは広告が、闘牛に似ていることに気がついた。クリエイティブが、闘牛士だ。牛を相手に、突っ込み、かわし、とどめの一撃でみごと仕とめる。マーケティングは、さしずめピカドールというところだ。牛を突いて弱らせ、花形の闘牛士をひきたてる。のこりの連中は、助手《ペオン》にすぎない。ぼくは、そのぺオンだった。

　ぼくは本当は仕事を替えたかったのだが、結局仕事先を変えることになった。憶面もなく自らクリエイティブ・ディレクターと名乗り、信用してもらうために、この業界には通じていない人物を見つけ出した。こうしてぼくは、パトリック・デムナールが設立したばかりのアクス・ピュブリシテ社に入ったというわけだ。だが数ヶ月のうちに、この会社は広告界の新星となった。最初からレビット・アンド・サンや、ランバン、オリンピック航空、ボルボ、エレクトロルックスなどを次々にこなし、成功をおさめたのだ。

　ラザレフは、言葉について啓発してくれた。デルピールからはイメージを、プレヴェールからは知恵を教わった。だがぼくは、まだ誰の色にも染ってはいなかった。ほんとうの指導者に出会っていなかったからだ。それは、ベルナール・ルー、ロマンティックな夢を持つ最後の財政家だ。

　男同士の出会いにも、恋の始まりと同じくらいの胸のときめくものがある。ベルナール・ルーと会ったときのことは、今でも克明に憶えている。感激した映画の名場面を十年たっても二十年たってもはっきりと思い出せるように、その出会いは、ぼくの心にしっかりと刻みつけられているのだ。ぼくは初めて彼を見た瞬間に、この男こそぼくにとってはなくてはならない存在だと直感した。彼は、ゲーリー・クーパーを、歩き方だけジョン・ウェインにして、グレン・フォードの目つきをさせたような男だった。生まれてくる国と時代を間違えたという感じだ。もし一世紀早く、太西洋の向う側で生まれていれば、大西部の英雄になれただろう。ジョン・フォード監督の映画に出てくるような心やさしい、男の中の男なのだ。皆が、彼と一緒にアリゾナ砂漠を横断することを夢みる。彼と一緒なら、何が起ろうと必ず砂漠を渡りきれるという気がするからだ。ぼくも、すぐに彼に命を預けて、大西部への旅に向った。

ルーは、まさにぼくのビリー・ザ・キッドだった。ぼくの向う見ずな行動を、腕利きのガンマンが連発式ウィンチェスター銃で援護してくれるような感じなのだ。彼の経理手腕がなかったら、ぼくはまだクリエイティブとビジネスの間で悩んでいたことだろう。ふたつとも、広告にとっては手強い敵だ。だがルーと組めば、ぼくは広告マンとしての仕事をはっきりと打出せる。経理マンがいてくれるおかげで、安心して仕事に熱中できるのだ。

もののはずみとはいえ、とんでもないことになった。六八年五月革命のあおりか、ぼくたちは大それたことを考えついたのだ。

ぼくは、なんにでも抗議する風潮におされて、経営者のデムナールに、株を三分割してほしいと申し出たのだ。彼は、一年間考えさせてほしいと言った。そしてちょうど一年後の一九六九年五月一日に、一周年記念のかわりに、ぼくたちの首をちょん切った。

こうして、ルー・セゲラ社が生まれた。

ぼくは、革命思想で経営者になったわけだ。

まるでライオン狩りに行くみたいだ 1970年

奴が、悪魔のことをよく知っているのは、
奴が悪魔だからというよりも、年をとっているからなのだ。
——セルバンテス

ぼくたちは、まるでライオン狩りに行く狩人のようにまったく危険をかえりみずに、会社を始めた。まったく何でもできると思っていたのだ。ただひとつの問題は、肝心のライオンが見つからないことだった。獲物がやってこないので、ぼくたちは、餌でおびきよせることにした。つまり自社の広告を展開するのだ。このキャンペーンのために、各々持ち寄った十五万フランの元手をすべて投資することにした。なんと自分たちが、最初の広告主になったわけだ。広告会社の広告ほど難しいものはない。ぼくたちは一ヶ月以上も堂々めぐりしたあげく、『ラ・メゾン・ド・マリークレール』誌のチーフで友人のポール・シャランにぼくたちのかわりにコピーを書いてくれるように頼むことになった。かんばしくないスタートだった。ぼくたちは、自分たちの初仕事を完成することができなくて、シャランをひっぱり出したのだ。シャランは、「社長宛の公開書簡」というタイトルで、二十行ほどの手紙を書いた。これを読むと、事業発展のためにルー・セゲラ社に思わず広告を頼みたくなるような出来ばえだった。最初に声をかけてきたのは、マーキュリー・フランス社のウィットナーという人物だった。ただし広告予算はわずか十万フラン以下という惨めなもの。ウィットナー氏は、金庫の蓋を開けるかわりにマーキュリーのエンジンの蓋を開け、まるで生きているかのようにエンジンの説明を始めた。恋する青年のような純情さと情熱をこめて。

「我社は、フランス人にとっては、保護者で守り神みたいなものです。そこのところを、フランス人がよく理解するようにしてもらいたいのですよ。頭に焼きついて絶対離れないようなイメージを作ってください」

広告主の慎しみのなさには、いつもあきれるばかりだ。広告主たちにとっては、製品はまさに母であり、娘であり、妻であり、愛人なのだ。彼らの一日は自分の製品で明け暮れ、頭のことは製品のことでいっぱい、話すことも製品のことばかり。ついにこの製品は、彼らの分身になってしまう。とはいえ広告主たちが、会う早々本心をさらけ出してしまうといって彼らを笑うことはできない。自分を押し出していくことからコミュニケーションは始まるのだ。ともかくウィットナーは、写真と十語ぐらいの短いコピーで彼の意図を表現してほしいと注文してきた。

ぼくは、『フランス・ソワール』に伝わるあるエピソードを思い出した。一九四〇年六月、パリがドイツ占領下におかれたあの悲しむべき日に、若きモーリス・デュルオンが、はじめてピエール・ラザレフに原稿を手渡した。未来のアカデミー会員は、この原稿にすべての知識を注ぎ込んだが、記事にするにはどこか生彩に欠けていた。「人間の信頼」という題が、どうもかん高い調子なのだ。ラザレフは新聞社のラボに飛んでいき、「奇妙な戦争」という記事の、最初の戦死者を撮った写真を出してくれるよう頼んだ。それからモーリスの原稿をもう一度読み直して写真の下に組み、「ぼくは、二十でこの世を去る」というタイトルをつけて一面に掲載した。デュルオンは、この記事によって新聞界に堂々たるデビューをはたした。

この話から、ぼくは『パリ・マッチ』の切り抜きのことを思い出した。それは、サン・トロペの沖合で、ポンピドー大統領がマーキュリー社のエンジンをつけたボートを自ら操縦しているスナップ写真だった。ぼくはさっそく古い資料を探して、オリジナルを見つけた。翌日ぼくは、ウィットナーのオフィスへ出向いて、プレゼンテーションを行なった。彼に見せたのは、大統領の写真の上に、「ありがとうございます、大統領。安全には十分お気をつけ下さい。—マーキュリー社より」というコピーが入ったものだった。コピーライターは、ベルナール・ルーの義理の姉にあたるノエル・ヴァンソン。将来ノエルは、ぼくの義理の母になるのだが、当時はそんなことは夢にも思っていなかった。彼女は、才気があり、しかもそれを外には出さない人だ。その時の彼女も、そうだった。『レクスプレス』の一ページの広告で、ぼくたちはマーキュリー社といっしょにルー・セゲラ社の名前も売り出すつもりだった。『レクスプレス』は、毎週月曜日に発売される。大統領は、発売四十八時間前の土曜日に刷り出しを受け取った。その日、彼がコーヒーを飲んでいると、突然夫人が叫び声を上げた。夫人は、雑誌の中に自分の知らない夫、つまりカバーボーイの夫を発見したのだ。ポンピドー大統領は、かんかんに怒って、『レクスプレス』のジャン＝ジャック・セルヴァン＝シュレベールに電話をかけ、こんな恥さらしな広告を載せるなら雑誌を差押えると脅しをかけた。もしそうなれば、ルー・セゲラ社の面目は丸つぶれだし、破産も免れない。言うまでもなくレクスプレス社が賠償を要求してくるからだ。あらたに数百万フランの出資がかかるだろう。発表すらされなかった広告で、ぼくたちは破産する破目になる。

突破口を見つけたのは、『レクスプレス』の副編集長フランソワーズ・ジルー女史だった。ぼくたちの広告が載っているページを一枚一枚手でむしり取っていったのだ。全部でなんと六十万枚あった……。終るまで三日三晩かかった。『レクスプレス』はまだ出ていないにもかかわらず、ラジオやテレビからこのニュースが流れ始めた。出ることのないたった一ページのマーキュリーの広告が、人々の話題をさらった。この騒ぎで一番得をしたのが、『レクスプレス』だった。売り上げがいっきに跳ね上がったのだ。ベルナール・ルーは、エリゼ宮に呼び出されて、二度とこのような騒ぎをおこさないようにと釘を刺されたが、大統領はそれだけで水に流してくれた。

今考えると、駆け出しの広告会社に仕事を任せるクライアントのリスクが、いかに大きいかということがよくわかる。なんとしても目立ちたいという気持ちと経験のなさが、良きにつけ悪しきにつけ、たいへんな結果を生み出すことになるのだ。

このときは、最悪の事態が一転して最高の結果を生み出すことになった。業界中、大騒ぎのなかで、ぼくたちは一躍、時のヒーローになった。広告業界の大御所たちは、表向きは平然としながら、多少の嫉妬を混えて、この若い闖入者《ちんにゅうしゃ》たちの正体を尋ね合っていた。ぼくたちは、みんな有頂天だったが、なかでも幸運だったのは、ウィットナーだった。なにしろ彼は、一千万フランでもできないようなキャンペーン効果を、わずか十万フランで手に入れたのだ。彼のもとには、ジャーナリストの取材が相次ぎ、フランス中から祝福の手紙が届いた。その返事には、例の広告を印刷して送った。さらに彼は、パリ憲兵隊から借りた二台の白バイに先導された大統領仕様の黒いシトロエンに乗って、ディーラーを回った。まさに勝利だった。ウィットナーが戻るとすぐ、ぼくたちはトロフィーのかわりに、翌年の広告予算をもらうつもりで出かけていった。だが意外にもこの話は断わられてしまった。

「君たちの広告は、期待をはるかに上回る出来だったし、できれば今後も続けてもらいたいと思っている。だがそれはできないのだよ。前々から取引きのある広告会社があってね。そこには、君たちのような若さもないし、妙技もできない。だがわたしは、手を切るつもりはまったくないんだ。切っても切れない仲というところだね。悪く思わないでくれたまえ。君たちにも、いつかわかる日がくるだろう」

実際、ぼくたちは後になって、そのわけを知った。ウィットナーは、マーキュリー・フランス社を設立した当初から、年は若いが、たいへん仕事熱心な広告マンを使っていた。マーキュリーのマークを生み出したのも、ほかならぬ彼だった。彼は、全製品に目を光らせ、新製品が出ると、自分で使用テストをするほどの打ち込みようだった。しかしそのテストのひとつが、命取りになった。首に水上スキーのロープが巻きつき、この事故で彼は死んだ。だが未亡人が、気丈にもひとりで広告会社を続け、その会社はずっとマーキュリーの専属となっていたのだ。

どうか彼女の会社が、末永く続かんことを。

＊

最初の一歩を踏み出してしまえば、あとは次々にいろいろなことがわかってくるものだ。今度の広告は、単なるひらめきから、一晩で作り上げたものだったが、知らないうちに広告の大原則がちゃんと入っていた。大原則というのは、まずイベントを作ること、そして基本に忠実であれということだが、ふつう大部数の新聞について言われる鉄則が、そのまま広告にも当てはまるのだ。

ぼくがまだ『パリ・マッチ』にいた頃、ガストン・ボヌールから習ったことは、いくらニュースが欲しくても、事件がなければどうしようもないということだった。このことをぼくの頭に叩き込んでおくために、彼は、いつだったか、ウィージーの話をした。ウィージーというのは、皮肉っぽくて傲慢で、しかも風采のあがらないアメリカのカメラマンだった。彼はニューヨークのある日刊紙で、暗室助手をしていたのだが、自分のおんぼろシボレーに、暗室の設備と短波受信機を備えつけることを思いついた。彼は毎晩、その車でダウンタウンを走り回った。受信機のおかげで、どんな小さな情報でもパトロール中の巡査と同時に知ることができた。彼はすぐに現場に向い、またたく間に写真をとって、その場で現像し、写真を乾かしながら、猛スピードで新聞社に駆け込んだ。こうして彼は、今世紀最大の雑多なスクープ作品の群をものにした。ウィージーの芸術観は、単純明快なものだった。「写真とは、クレープのようなものだ、ホットなうちに食べなければ意味がない」ウィージーは次々とスクープをとって、名を上げた。だが、名声というのはアルコールのようなもので、すぐにみさかいがなくなる。ウィージーも、後にハリウッドの華やかな世界を求め、猥雑なニューヨークを捨てた。彼は、映画や芝居のアドバイザーになり、スターの写真を撮って、小ぎれいな作品を作るようになった。そしてこれまでの芸術観を忘れ、才能も失なってしまったのだ。

ぼくにとって『パリ・マッチ』の記者生活は、コミュニケーションの大学に通っているようなものだった。ちょうど講義にあたるのが、「ブークラージュ」と呼ばれる時間だ。ブークラージュというのは、プルヴォー自らが、二時間かかりきりで世界のニュースに目を通し、どれを採るか判断を下す決定的な時間、つまり選択のことだ。ここまで来ればもう後戻りはできない。もう読み返すことも、直すこともできないのだ。宿命とでもいうように輪転機が回り始める。報道の瞬間だ。ぼくたちは、はじめ世界中からページ数の数倍のニュースをかき集めてくる。ジャン・プルヴォーは、次から次に目を通して、あるものは採用し、あるものはボツにするのだが、怒りをおさえきれずに、よくどなっていた。

「なんでこの雑誌が『マッチ』という名かわかるか。創造は、戦い《マッチ》だからだ。だのにおまえたちは、腑抜けぞろいだ。写真は挿絵じゃない、情報なんだ。全部ゴミ箱行きだ！　読者が望んでいるのは、シックな記事じゃない、ショックなんだぞ！」

今世紀フランスのジャーナリズム界に偉大な足跡を残した彼は、まず、なによりも物事を直感的に捉えることのできる人だった。市井の人と腕白坊主の驚くべき合体とでも言おうか。街の人々が望んでいること、欲しいと思っていること、つまり「巷の声」を聞きとることが彼にはできるのだ。彼はその声を記事作りに全面的に反映させた。このワニのような男の心には、ふつうの庶民がいたのだ。しかもその庶民には、冒険者魂があった。「セゲラ、毎日なにか違うことをやってみるんだ。どんな運命も拒んじゃいけない」これが、彼のもとを去るぼくに、彼が信任状がわりにくれた言葉だった。

ぼくは、会社創立以来ずっと、『パリ・マッチ』式の広告作りを原則としてきた。大きなキャンペーンを産み出すのは、各人が能力を出し合い、精神がぴりぴりと張りつめるこのブークラージュなのだ。

＊

一方、ベルナール・ルーは、彼の経営方針を実行に移していた。初年度の経営者への報酬はいっさいなし。十年間の利益はすべて再投資する。鉛筆一本買うのにも、サインをもらってから。ビジネス・ランチは廃止。以前、デルピールはビジネス・ランチを廃止して、こう言った。「口がふさがっていたら、話なんてできやしないじゃないか」まさに完璧な論理だ。

広告界では、財務管理担当者には、まったく陽が当らない。こういう不公平がまかり通っているのは、広告界のほかには映画ぐらいのものだろう。フィルム・ライブラリーでは、収集作品の監督の名と俳優の名しか記録されない。皆、ヴィヴィアン・リーやクラーク・ゲーブルの名前は知っているが、『風とともに去りぬ』の成功のために奔走したデヴィッド・オセルズニックを思い出す人はいないだろう。広告界でも、クリエイティブとマーケティングは表に出るが、経理担当者は陽の目を見ることがない。彼らは縁の下の力持ちとして報われない仕事に精を出し、表舞台で繰り広げられる戦いを陰で支える職人に徹するのだ。

『フィガロ』の再建にあたって、ロベール・エルサンが、まず手始めにした仕事は、清掃責任者を呼ぶことだった。年間の清掃費用は、八十万フランに達していた。話は三十秒ですんだ。「掃除は、一日おきにしてくれ」とエルサンが言いわたした。彼は、三十秒で四十万フランを節約したのだ。

ベルナール・ルーなら、さしずめ三日に一度と言っただろう。

＊

フロイトによれば、人生は六歳までに決まるということだ。生まれてからの六年間で、性格ができ上がり、それによって人生の方向も決まるというわけだ。広告会社にとっては、決定的な期間はもっと短い。一年で、すべてが決まってしまう。

ぼくたちは、さしあたり冷静沈着さにかけてはまさにパリ一番の広告マン、ジル・デムナールのオフィスを午前中だけ借りることにした。こうすればジルは朝寝坊をしながら、家賃の収入を得ることができるし、ぼくたちは安く事務所を借りられるというわけだ。午後になると、ぼくたちは街角のカフェに移動した。バーテンが、ビールを注ぐ合間をぬって、電話を取り次いでくれた。ぼくたちの左側にはブロット〔トランプゲームの一種〕に夢中になっている四人の常連、右側には通りすがりの娼婦。ぼくたちは、そんな場所で初めて、社員採用のための面接をした。もっとも三ケ月の募集期間、六人の候補者選び、各人につき二時間の面接、筆跡による性格テスト、履歴書の調査などというHEC（高等商業専門学校）ばりの人材採用のような具合にはいかない。ぼくは、まるで一夜の相手を選ぶように仕事仲間を選んでいった。しばらく会っていて、相手の一言や微笑みが気に入ると、それだけでいっしょに仕事をしてみたいと思ってしまうのだ。この方法は、広告の仕事の方ではいつも成功したが、私生活では裏切られどおしだった。ぼくの場合、広告に関しては直感がはたらくのだが、色恋となるとさっぱりなのだ。それに広告についてはは嫉妬もするが、女性に対してはそれほどでもなかった。去った女のことは次の晩には忘れてしまうが、仕事仲間に去られると何年もくよくよしてしまうのだ。

最初に入社したのが、アラン・ポンテコルボというやせて神経質そうな色白の青年だった。彼は、いっぱいにつまった書類かばんをかかえてやってきた。面接時間は、たった三分だった。

「広告の仕事をしていないときは、何をしているんだね？」と、ぼくは彼にたずねた。

「マス釣りにでも行ってますね」

次の質問はもう必要なかった。釣りは、ぼくの趣味でもあったからだ。実際、このときの釣りは、すばらしかった。アランは今ではフランス屈指のアート・ディレクターになっている。我社のグラフィック・デザインのスタイルを作り出したのも彼だ。

次に入ってきたのが、ジャン・クロード・ヌッティだった。彼は色黒で、ずんぐりとして、いかにも自信ありげな感じだった。「ぼくは、あなたがたの探しているような人間じゃありませんね」と彼は、もったいぶった口ぶりで言った。「明日、ぼくはインド旅行に発ちますので」だがぼくたちは、深夜までずっと話し込んでしまった。それも広告のことではなく、旅行の話をしていたのだ。ぼくたちは、半年間、彼の帰りを待った。

ベルナールの方は、サマリテーヌ百貨店に買い物に出たついでに、エレベーター・ガールに声をかけた。その女性は、翌日からさっそくぼくたちのところで電話を取り次ぐようになった。ゼニアは今、ぼくの秘書であり、助手であり、また乳母でもある。

経理、クリエイティブ・ディレクター、アート・ディレクター、コピー・ライター、そして電話交換手、これで会社の母体ができ上がった。

＊

当時は、一ヶ月ごとに新しい広告会社が生まれていた。映画界に遅れること十年、広告界にもヌーベル・ヴァーグがやってきたのだ。

戦後ずっと、フランス広告界は、二つの会社に支配されてきた。ひとつは、アバス社。これは、ジャック・ドゥースが設立した国営企業だ。もうひとつは、ピュブリシス社。ここはたとえばルノーなどの国営企業やドラッグ・ストアとの結びつきが深い。またたく間に二社は、フランスの広告帝国を二分するようになった。アバス社とピュブリシス社は、子会社や、国が経営参加している会社のおかげで、市場の三分の一を占めている。二社はそれぞれ活動の場を分けて、電波なら一方はヨーロップ1局が中心で、もう一方はリュクサンブール放送局を押さえている。新聞も、一方がパリの中央紙なら、もう一方は地方紙。地下鉄も分担を決め、映画館の劇場広告も分け合って、競合を避けるようにしている。

あれから十年たった今も、独占状態は崩れるどころか、二社の特権的地位は、かつてないほど強まっている。ジャック・ドゥースひとりが、同時に二十数社の広告代理店と、国営企業と、新聞社のグループの上に、君臨しているのだ。アメリカにはこの状態をさす言葉がある。トラストだ。

一方、アメリカ資本は、フランスより十年は進んだ広告技術とドルの力で、フランス上陸をはたした。こうしてアメリカ系の十数社が、さらに市場の三分の一をさらっていった。残った三分の一が、混戦地区だ。この中では二千におよぶ小さな広告会社がひしめきながら、生き残るためにお互いを喰い合っている。

そして一九六八年五月がやってきた。この革命自体は挫折したが、普通ではできないことを可能にした。つまり自由な反乱精神を残したのだ。

広告もまた、ブルジョワ的体質を攻撃された。革命の恐怖が過ぎると、今まで君臨していた経営者連中は、経済の土台をゆるがした若者たちに少しは場所を譲るようになった。五月革命の終結とともに、あらたに十数社の代理店が生まれ、新しく一派を形成するようになった。彼らは創造力にものを言わせ、企画はあるが資金は乏しく、採算を度外視し、信念と思いきりの良さで勝負した。

さてぼくたちは、もうひとり相棒を見つけた。

ぼくたちのおこした反乱の旗手は、ジャン・フェルドマンといった。彼は、まるでユダヤ教の司祭《ラビ》が、軽薄なこの世を称えるために、教会から抜け出してきたような男だった。彼は、ぼくたちの導師、魔法使い、そして良き助言者となった。猫のように鋭いトルコブルーの眼の輝き、巧みに聖書の比喩を使うあざやかさ。ぼくたちは、フェルドマンの人をひきつけるテクニックや比類のないイメージ作りの才能にすっかり魅了されてしまった。彼なら、一言呪文を唱えるだけで、若い広告マンたちを不毛の砂漠の横断に連れていくことだってできただろう。もっともそうするには、彼は都会的すぎたが。彼は、パリでこそ輝ける存在だった。彼の仕事ぶりは、ぼくたちとは段違いだった。だれよりも入念で、巧みで、そして洗練されていた。従来の宣伝に終りを告げ、魅力的な広告キャンペーンを最初に始めたのも彼だった。

フェルドマンは、ぼくにとってはジェームス・ディーンであり、スコット・フィッツジェラルドだった。限りない憧れの的、手の届かない理想の人だった。

ほんとうにすばらしい出会いだった。ぼくたちは、すべてを作り出し、彼の精気を汲み上げた。フェルドマンは、ぼくとともに悩み、二人でかかれば、山でも動かせそうな気がした。だが神話の世界に生きられるのは、ほんのひとときだけだ。神話を日常性の中に埋もれさせたくなかったら、日常から解放されなければならない。最初にそのことに気づいたのは、フェルドマンだった。

彼はきっぱりとぼくたちとの縁を切って、この神話だけの世界から去っていった。

＊

今から二十八年前、マル・デル・プラタに、ギレルモというやさしくおだやかな男の子が生まれた。彼が六歳の誕生日を迎えたとき、父親は、テニスのラケットを贈った。七年後、内気な青年は、マイアミのオレンジ・ボール・トーナメントで、ジミー・コナーズを破って新チャンピオンに輝いた。精神か肉体か、学問かテニスか、という選択の時が来ていた。だがギレルモはどちらも選ばなかった。それから十年間、彼は詩作を続けながら、世界中のコートで戦った。だが必ずといってよいほど大きな試合では負けた。いつもあきらめが先に立って、敗北を受入れてしまうのだ。彼には二流選手のレッテルが貼られた。しかしギレルモは、そんな評判にもかまわず、詩を書き続けていた。この心やさしいアルゼンチンの青年が二十五歳になったとき、あるやり手のルーマニア人と出会った。威丈高な口髭をたくわえ、ずるそうな目をして、情け容赦のない言葉を吐く巨人、イオン・ティリアックだった。ティリアックは、ギレルモのコーチをしたいと申し出、これをギレルモは受けた。こうしてギレルモは、プロテニス選手、ヴィラスに生まれ変った。ティリアックは、厳しい日課を彼に課した。十時間、睡眠をとること、タバコ、アルコール、外出、詩作はいっさい禁止。勝つことだけを考える。こうして一年後には、ヴィラスはシーズン中百四十一試合をこなして百二十九試合に勝ち、七十六万八千六百四十二ドルの賞金を手にしたのだ。

ぼくたちの最初の関心事は、社員ひとりひとりの中にいるアマチュアのギレルモを、どうやったらプロのヴィラスに変身させることができるかということだった。ぼくたち自身が、やり手のティリアックにならなければならないのだ。

ヴィラスの宿敵ビヨルン・ボルグは、コートに入るとき、こう自分に言いきかせるそうだ。

「目の前にいるのが、俺の財布を盗み、女房を犯し、息子を殺した男だ。なんとしても息の根をとめてやる」

これは、他社との競合に立ち向うたびにぼくたちが発した雄叫びでもあった。ぼくたちは、スパルタ王レオニダスがテルモピュライの戦いに備えて兵を鍛えたときのような信念で、スタッフを訓練したのだ。

あるとき、由緒ある豪華なホテルの一室で、厳粛な集会が開かれた。壁にはフランスの広告会社、一位から百位までのランクが表にして貼ってあった。我社は、これよりも下だった。ぼくはアバス社とピュブリシス社の間を指さして、五年以内に必ず上位三位にくい込むことを皆に誓わせた。はたから見れば滑稽な光景だが、そんなことにも気付かないぐらい、ぼくたちはハングリーで一心に思いつめていた。ひたすらに激しく勝利を求めることこそが、明日のチャンピオンを作るのだと。

＊

月日がたち、我社はなんとか続いていた。ぼくたちは野心満々だったが、世の中はそう甘くはなかった。ある日のこと、約束もなしに刑事コロンボみたいな男が、オフィスに入ってきた。五十がらみの、よれよれのコートを着た貧相なその男は、小脇に包みをかかえていた。

「広告会社っていう看板を見たものだから」と彼は話しはじめた。「実は、痩せるローラーを発明したんだが、売り出してもらえませんかね」

どうもうさん臭いと思いながら、ぼくは品物の方に目をやった。一方の端に握りが二つあり、もう一方の端にはベビーカーについているような小さな車輪がはめてある。

「広告で、これを使えば痩せることを名誉にかけて保証しますと言ってほしいんですよ。嘘や、はったりなんかじゃないってことです。家電専門店のダーティが品質保証を打ち出したでしょう。あれですよ。なんだったら、これを家に持って帰って試してください」と男はくい下がった。「毎朝五分、これで運動すれば、二十歳《はたち》の体が蘇りますから」

ぼくは、そいつを家に持ち帰った。驚いたことに、うちの家政婦がさっそく翌日から五分間の運動を始めたのだ！　小さな車輪の効果は、まるで魔法のようだった。これこそまさに幸運の車輪だった。ぼくたちは、これにロール・トレーナーという名を付けて、薬局、薬店ルートだけで売ることにして、大急ぎでキャンペーンを組んだ。発売から三十日後には、一日千個の売り上げに達した。そして我らが発明家は、半年後には億万長者になり、さっさとブラジルに飛んで行ってしまった。取引業者や我社に支払いもせずにだ。

たしかに彼は、自分自身の誠実さまでは、名誉にかけて誓わなかった！

アメリカの有名なコピーのひとつに、ニューヨーク広告界の創始者、レイモンド・ルビカムが戦前、スキップのために作ったものがある。「製品作りで一番大切な原料は、メーカーの名誉と誠実さです」戦後、広告界の若き狼と言われたデヴィッド・オグルビーが、このコピーを見ると父親の教訓を思い出すと言って、彼を茶化している。「名誉を誇る会社と、身持ちの良さが自慢の娘がいたら、会社の方は敬遠して、娘の方とつき合え」

ぼくもこの教訓を思い出すべきだった。この裏切りのおかげで、不良債権が四十万フランも発生してしまった。初めての試練だった。その年の収支は、利益が四十万フランに、欠損が四十万フラン。結局一年間の努力は無に帰したわけだ。会社は倒産寸前。ベルナールが銀行を駆けずりまわって融資を頼んだが、銀行はいい顔をしなかった。

ぼくたちも皆、さえない顔だった。

海辺の村、まるごと売ります 1971年

男はばかじゃないわ。ただ女よりうぶなだけ。
男っていつまでたっても子供みたいなところがあるものなのよ。
——マダム・クロード〔パリで名高い娼館の女主人〕

恋とは結局、出会いから生まれるものだ。最初の女というのは、自分が初めて愛した人ではなく、はじめて自分を愛してくれた女のことだ。そのときからほんとうの恋の旅路が始まる。

ぼくが広告に本腰を入れるきっかけとなったのは、ガストン・パムとの出会いだった。パムは、豪放磊落《らいらく》なカタロニア生まれの上院議員で、政治家の常として彼も、いろいろな人々の陳情に耳を傾ける日々を過していた。ぼくの父は、息子が記者をやめて、広告などというとても人には言えないような仕事をしているのにすっかり気落ちして、パムに相談をもちかけた。

「ガストン、おれの息子が、パリでやくざな仕事をしているんだ。なんとか言ってくれないかね。君の言うことなら、いつも聞くだろうから」要するに、こんなふうに打ち明けたわけだ。

さっそくぼくは、パム上院議員から呼び出された。上院議員といえば、かなりの堅物だ。日頃礼儀などかまわないぼくも、さすがに敬意を払わないわけにはいかず、一本しかないネクタイをしめていった。出迎えた上院議員は、なんと海水パンツ一枚だった。もっともぼくはコリウール〔ペルピニャンの近くの海岸沿いの町〕の邸宅に招かれていたのだが。今の仕事のことを話すと、パムは、父が期待していたようにぼくに雷を落したりはせず、反対に広告キャンペーンの仕事をくれたのだ。

身にまとっているものといったらパンツ一枚だけなのに、彼にはどんな役を演じようとその場を圧する名優の持つ静かな自信が感じられた。魅力的な口髭に、相手を見おろすようなまなざし、英国貴族の身のこなし。精神を磨くかわりに、彼は豊かさに磨きをかけていた。彼は人づき合いにもそつがなかった。土地の人にはもっとも好かれている人物なのだ。政治家というのは憎まれることの方が多いのに、彼は得がたい資質を持っている。彼は、ハンサムで、裕福で、頭も切れ、市長と上院議員を兼任していた。そのうえ当時はまだ知らなかったのだが、半官半民のポール・バルカレス・リゾート開発公団の総裁でもあった。いかにも直情径行のカタロニア人らしく、彼はただちに広告の本題に入り、ぼくたちは現場へ向うことになった。開発地域には、風の吹きすさぶ十キロに及ぶ砂浜と海、それに陸に引き上げられた客船があるだけだった。パム議員が商才を発揮して、建設を開始する前に、古いギリシャの船リディア号を買っておいたのだ。しかも彼はその船を陸に引上げさせて、ブティック、レストラン、ナイトクラブ、プール付きリゾート施設に改造していた。この陸上船は、まだ影も形もないリゾート村を売り出すには、最高のアイデアだった。彼は、この地ラングドック・ルションの広報活動に全力を傾けるつもりだった。「さあ、今度は君たちの出番だ」とパム議員は言った。ぼくはお説教されるのではないかと思ってパムのところへ行ったのだが、逆にアカウントを手にして帰ることになった。初めての本格的な仕事は、こんな思いがけないかたちで始まった。

上院議員のお声がかりで仕事をするのは、ロールスロイスに乗って、道を走るようなものだ。ただ目をつぶってシートに身を任せていればいい。パム議員は水上スキーがお気に入りだったので、ぼくたちは水上リフトをすえつけた。水上リフトというのは、巨大なリフトが水上を動いて、一列に並んでバーにつかまっているスキーヤーたちを十秒間隔で引いていく装置のことだ。一回の料金は、一フラン。これでもパム上院議員は、急進的社会主義者だった。

彼はまた、エンターテイメントにも興味を示した。当時のラジオの人気番組に、『キャンパス』というのがあったが、ヨーロップ1局の番組部長、ジャン・セルジュのアイデアで、夏のあいだ毎週一回、この番組をバカンス村から放送するようにした。毎回、このリゾート地に人気歌手を呼んで、コンサートを開くという趣向だった。この企画で来たひとりが、あのジョニー・アリディーだった。つめかけた聴衆は、一万八千人。まだ誰もいないポール・バルカレスにどこからともなくこれだけの人数が集まってきたのだ。アリディーは、急造のステージで、熱狂的に歌いまくり、観客は、砂浜に総立ちで、アイドルの声に耳を傾けた。

アリディーと司会のミッシェル・ランスロが到着したのは、コンサートの前日だった。どういうわけかセクシーなブロンド美人が、一緒だった。ぼくたちはスターのご機嫌を伺うために、水上スキーやピクニック、ウイスキー、釣り、豪勢な食事、インタヴューと一日中おつきあいして、もうくたくただった。色気たっぷりのブロンド美人は、アリディーにいつもまとわりついていた。ところが突然アリディーは気が咎めはじめ、今すぐ妻のシルヴィー・バルタンに会いたいと言い出したのだ。ところがシルヴイーは、そのとき五百キロも離れたところにいた。「今夜、シルヴィーをここへ連れてくるか、それともぼくが歌うのをやめるかだ」ジョニーは、こう言い張った。こういうのを夫婦ストライキとでも言うのだろうか。さんざんすったもんだしたあげく、結局ぼくが飛行機をチャーターして、シルヴイーを迎えに行くことになった。アリーディーの気まぐれは、相当高いものについた。そのうえ誰もぼくにそのチャーター料金を払ってくれなかったのだ。ぼくは大散財とひきかえに、ショーの後、夕食会のときに、シルヴィーの左隣りに座る権利を獲得した。だが精いっぱい愛想をふりまいても、シルヴィーはそ知らぬ顔。ここは夫になおざりにされた美女を慰さめるのが一番の方法とばかり、ぼくは彼女に言い寄ったが、ものの見事に平手打ちを喰ってしまった。

そのうえ、頬をはらして自室に戻ると、司会のランスロが、ぼくの妻のベッドを占領していたのだった。

＊

翌日、アリディーの一行が去ると、リゾート村にはもとの静けさが戻ってきた。ぼくたちは、もうひとりのスター、マダム・ソレイユを待っていた。彼女は当時、人気絶頂の占い師で、夕方五時から七時に近くのリゾート村から観客を集めるのには、マダム・ソレイユ以上のスターはいないほどだった。別荘を買いに来る客をひきつけるには、またとない機会だった。マダム・ソレイユは、毎日午後になると、リディア号のブリッジに上って、公開の身の上相談を行なった。相談にくる人を気遅れさせないように、下甲板からマダム・ソレイユと電話で話すようにしてあった。だから観衆もマダム・ソレイユも絶対に相談者の姿を見ることはない。トリックが不可能だからこそ、ぼくはマダム・ソレイユに超能力があるということを確信するにいたったのだ。

太陽がじりじりと照りつけるある日の午後、ひとりの男がよろよろとやってきた。ぼくがブリッジに電話をつなぐと、男が口を開くより先に、マダム・ソレイユが話し始めた。

「悩むことはありません。これからあなたの人生がどう変るか知りたいのですね、あなたはもうすぐ大きな手術を受けます。手術は成功しますよ。二ヶ月後には、目が見えるようになるでしょう」

マダム・ソレイユの言ったとおりだった。この男は目が見えず、数日後に手術を受けることになっていた。そして手術は成功し、彼は視力を取戻したのだ。偉大な女予言者は、幸福のお告げによって、ポール・バルカレスを明るくしてくれた。ポール・バルカレスも彼女の心を捉え、マダム・ソレイユはここに家を買った。これは、象徴的な出来事だった。女予言者が、ぼくたちの未来を保証してくれたのだ。

ポール・バルカレスのあわただしい動きは、パリにまで伝わり、各省連合のバカンス政策推進部から、会いたいと言ってきた。フランスの沿岸地域開発が、ドゴールによって決定され、ポンピドーが企画し、幾人かの政府関係者の手になるものだということを知る人は少ない。ピエール・レイノーとピエール・ラシーヌは、十年間に七つのリゾート地を建設した。ラシーヌはこの仕事の最高責任者だが、ＥＮＡ（国立行政学校）の学長も兼任している。こうしたバカンス計画に、これほどまでに打ち込む国もないだろう。

ポール・バルカレス計画には、たったひとつの、しかし重大な誤りがあった。ポール・ルーカート・ポール・バルカレスの建築設計者にジョルジュ・カンディリスが選ばれたことだ。カンディリスという男は、きわめつきのギリシャ人で、ぼくの知るかぎりではまったく一番の売り込み上手だ。彼は、美術講座を持ち、新聞、雑誌の記事を書いたり、講演するのが得意で、すでに二十一世紀の大衆レジャーを見通す建築家として名を上げていた。カンディリスの話には、皆ひき込まれた。ポンピドー大統領もラシーヌもレイノーもパムも、とりわけぼくが一番乗せられていた。ぼくは、この古狸から彼の設計したアパルトマンを売りつけられたのだ。そのアパルトマンは、マチュラン・レニエ通りにある似非《えせ》ル・コルビジュェ風の安っぽい建物だった。売買契約にサインした直後に、同じ建物の住人たちが、手抜き工事を理由に設計者を訴えていることがわかった。壁にはひびが入るし、水は洩る、玄関のモザイク・タイルははがれ、バルコニーはたわんでいた。それにエレベーターは二日に一度しか動かなかった。しかし未来の建築家カンディリスは、馬鹿ではない。彼自身は過去の建築を信頼して、カンパーニュ・プルミエール通りにある十九世紀建造の豪壮な邸宅に、自分はしっかりおさまっていた。毛沢東の言葉は正しかった。

「資本家というのは、自分たちを絞首刑にするロープまで売りつけるほど貪欲なものである」

ちょうど同じ頃、ポール・ルーカート・ポール・バルカレスの第一期工事が終った。だがマスコミからは酷評され、アテネの場末のようだとさえ言われた。本部もやっと事の重大さに気づき、カンディリスの責任を追求した。ラシーヌとレイノーが総会を開いて、各人が意見を述べ、カンディリスは黙って非難の声を聞いていた。一時間ほどやりこめられた後、弁解する時間が彼にも与えられた。カンディリスは猛烈な反撃を開始し、あの口の巧さでわずか十分後には信頼を回復していた。彼には建築の才能のかわりに弁論の才能があったのだ。

カンディリスの手に委ねられたポール・バルカレスは、ぼくの目から見れば、建築への侮辱そのものだった。カンディリスをひきつづき採用することが決まったときに、たとえパム議員の厚意に反しても、ぼくはこの仕事から手を引くべきだったのだ。だがまだ若かったのだろう、ぼくは判断を誤ってしまった。ぼくも今では、広告マンの仕事とは、決して報酬にあずかることではなく、ときには敢えてノーと言うことだと思っている。この自戒を仕事の上での原則として、信用できない商品の広告は、きっぱりと断るようにしているのだ。

ミッシェル・モーエは、不動産関係の最大のクライアントだが、広告の仕事のおかげでできた親友でもある。彼が、教訓がわりに、こんな話を聞かせてくれた。

ひとりのやり手の不動産屋が死んで、天に昇った。聖ペテロが、もみ手をしながら彼を迎え、こう言った。

「最後の審判の時が来たのじゃ、おまえさんは、天国には入れないが、全能なる神は、地獄にするか煉獄《れんごく》にするかは、おまえに任せると言っておられる。わしについて来なさい……」不動産屋は、震えながら、聖ペテロの後に続いた。ひとつの扉が開くと、そこからは世にも恐しい叫び声が聞え、苦しみ悶える姿が見えた。「ここが煉獄じゃ。次は地獄を見せよう」と言いながら、聖者は二番目の扉を開けた。なんということだろう。目の前には、派手で凝ったつくりの部屋が現れ、まばゆいほどの美人がはべっている。不動産屋は、あっけにとられてしまった。テーブルはキャビアやドン・ペリニヨンのシャンペンなど、珍味佳肴《ちんみかこう》でいっぱいになっている。バックには、ビージーズの音楽まで流れていた。

「決めました。ここにしますよ」彼はにやにやしながら言った。聖ペテロの差出した台帳にサインをすますと、われらの罪人は地獄へ向った。

部屋は相変らずそこにあったが、美女のかわりに恐しい拷問人がおり、ドン・ペリニョンは煮えたぎる油に変っていた。罰せられた男は、救いを求めてわめいた。

「さっきの部屋と違うじゃないか」

「ああ、そうじゃ」聖ペテロは、ほくそ笑象ながら答えた。「さっき見せたのは、モデル・ルームなんじゃよ」

ギイ・メルランが、狭い不動産業界で成功をおさめたのは、今もって驚きの種になっているが、メルランほど、敵意のこもった言葉をぶつけられた人もまたいないだろう。「幻滅をまきちらすメルラン」、「メルランのウサギ小屋」、「メルランが通れば、悪趣味だらけ」といった具合いだ。確かにメルランのセンスはいいとは言えないが、彼には良心があった。メルランはこう言っている。「たしかにうちの物件には何ら面白味がない。だがわざとそうしているんですよ。実物を見に来たお客さんは、意外な発見に喜びます。実物が、広告以上だからですよ」

抜け目のなさそうな目つきに、チェックのシャツとズボン吊り、立居振舞いは悪賢い周旋屋風《しゅうせんやふう》。このたくましくて陽気な男が、一介の食料品屋の店員から身を起して、不動産業界の一位にまでのし上がったとしても、少しも驚くにはあたらない。

ジョン・ワナメーカーの言葉は、誰もが知っている。「広告費の半分は無駄なものだ。だが問題は、どこが無駄なのかわからないということなのだ」だが一九二〇年代にワナメーカーに一財産築かせることになったコピーを引用する人はいない。「我社の服は粋な仕立てというわけではありません。でも丈夫で長持ちです」広告というのは、嘘がつけないものなのだ。嘘をつけば処罰を受ける唯一の職業でもある。（広告会社が誇大広告で訴えられるように、政治家が誇大公約で裁判にかけられるなんていうのが考えられるだろうか）広告で二度は世間をだませない。大切なのは、その商品を一回買ってもらうことではなく、何度も続いて買ってもらうことなのだ。広告の世界で嘘をつくことは、死を意味する。ぼくが『フランス・ソワール』を去る日に、ピエール・ラザレフが、こんな忠告をくれた。

「ジャック、君にはいつも、事実を探し出して記事を書けと言ってきた。もし新しいこの広告の仕事で成功したければ、事実を見つけることだよ。良い商品の広告は、情報だ。だが悪い製品の広告は、中傷記事を書くのと何ら変らない。そういう仕事は、絶対に長続きしないよ」

＊

ぼくたちは、この沿岸リゾート地のあちこちで、販売促進、広告、イベントなどあらゆる手をつくしていた。

今度は、グリュイサンというバカンス村を売り出す番だった。グリュイサンは、まさに自然の生み出した傑作だったが、それも存亡の危機に瀕していた。ここの設計にあたったローマ賞を受賞するほど高名な例の建築家が、ここにチュニジアのチュニスを再現しようとしていたからだ。彼の頭の中では、建築というのは、三方に丸屋根のついた小屋をごちゃごちゃと建てることなのだ。チュニスを再現しようというのなら、この砂浜にベルベル人の家族を呼び、豪華なテントとラクダ二頭を運んできてはどうかと、ぼくは提案した。

このキャンペーンは、名付けて「ラクダ一族」。計画は承認を得て、ぼくはこの仕事を一任された。不動産業者が、銀行マンを従えて現地に乗り込み、華々しく売り出し事務所を開設した。説明会を始める前に、ワイン蒸しのウナギのソーセージなどを用意し、天気も良かったので、集まった人たちは皆、上気嫌だった。不動産屋も、自信ありげに客たちを案内していた。「ラクダ一族」のところにくると、彼はラクダの首を撫でながら、このキャンペーンの主旨を説明し始めた。だがこのラクダがまた、たいしたラクダだった。不動産屋にがぶりと噛みついたのだ。

このキャンペーンは中止になり、アカウントは取消しになってしまった。

＊

失敗の穴埋めのために、ぼくは全リゾート村共通のキャンペーンを提案した。だが本部の方では、成功するかどうか疑いを抱いていた。行政というのは、広告の力をあまり評価しないものだ。ぼくは、ねばりにねばって、ピエール・ラシーヌから百万フランの予算をもらうことができた。この仕事の成否は、ぼくたちにとってはまさに運命の分れ目だった。評判の悪いこの海岸を、見直させることができるか、あるいはぼくたちの仕事もこれまでか。

広告会社の成長は、世界タイトルを目ざすボクサーに似ている。四回か五回の試合で運命が決まる。しかも一回でも負ければ、チャンピオンベルトから永久に遠ざかってしまうのだ。ぼくたちは、初めての試合には第一ラウンドで勝負をつけたかった。ベルナールと相談した上で、予算は全額、ポスターに投じることに決めた。

ポスターというのは、成功か失敗か、二つに一つしかない媒体だ。たった一枚のポスターで、二週間のうちに商標や製品を売り出すこともできるが、反対に台無しにしてしまうこともある。新聞の第一面や、雑誌の表紙と同じように、受け手にガンと一撃を与えるのがポスターの役目なのだ。つまり強い印象を与えること、シェークスピア流に言えば、見られたか、見られないか、それが問題だ。ポスターには、人を魅了している時間はない。目を奪う。ポスターをじっと見る人はいない。ポスターというのは、通りすがりに目に入るものなのだ。だから役者と同じようにポスターも、見る人に強烈な印象を与えなければならない。

ナポレオンはポスターの効果をうまく言い表している。「群衆を熱狂させたければ、まず目に訴えよ」独裁者について言えることは、洗剤やコーヒーにも当てはまる。

しかしそういうポスターを作るとなると、容易なことではない。ポスターとは、イメージと言葉が情熱的に出会い、結ばれる場なのだ。うまく融合しなければ、大失敗に終る。

ぼくは、ラザレフのもうひとつの忠告を思い出した。「いいものは言うまでもなくいい、だが口に出せばなおいい」ポール・バルカレスの言うまでもなくいいところは、輝く太陽と、家庭的なムードだ。サントロペの気どった雰囲気や、ブルターニュの陰気な小雨とは対照的だ。それでポスターの構図には、二人の子供が、砂浜にいるところを選んだ。少年の方は十二歳で、小さなマーロン・ブランドといった感じ。少女の方は九歳で、小さなブリジット・バルドーといったところだ。ふたりは、生まれたままの姿で、手をつないでいる。海はトルコブルー、白い砂浜には貝がちらばっている。タイトルは、「南の海が、フランスにあった」。まさにこのタイトルには、ぴったりの写真だった。実際には六千キロかなたの南の海で撮った写真を使ったのだ。撮影はどうしても、ポール・バルカレスが雨がちになる十二月に行なわなければならなかった。それでアート・ディレクターのアラン・ポンテコルボが、『リュイ』誌のカメラマン、フランシス・ジャコベッティと一緒に、バハマ諸島まで撮影に行ったのだ。「正確さは真ならず」これは、マチエールの天才、ドラクロワの主張だ。――この言葉どおり、ポスターは、成功をおさめた。なんと七年後の想起テストでも、記憶しているという答が返ってきたほどだった。まさにKO勝ちだ。ありがとう、ピエール・ラザレフ！

＊

南海の子供たちのポスターが成功したので、仕事にもはずみがついた。

ぼくは突飛なアイデアを思いついて、それをペルノ社の営業部長に売込んだ。そのアイデアとは、ペルノ社の食前酒、パスティスの売り上げの多い一万軒のカフェを選び、クリスマス・プレゼントとして一羽ずつオウムを贈るというものだった。このプレゼントは、宣伝も兼ねていて、オームを、「おーい！　ペルノ一杯」と言うように仕込んでおく。そうすれば店に入ってきたお客の注文は、すぐに決まるというわけだ。これを聞くと、ペルノのスタッフは大笑いして、仕事を任せてくれた。珍獣専門の輸入業者に、オウムを中央アフリカから運ばせるのは、何の問題もなかった。次はオウムをどうやってしゃべらせるかだった。ぼくはオウム調教のチャンピオンを探した。そういう人は、フランスに実際いるのだ、この名人調教師は、たくさんいるオウムの中から、二羽を選んでぼくに見せてくれた。これが、ぼくをすっかり魅了してしまった。一羽のオウムが、ラ・マルセイエーズを歌う。だが最後の一節が違っている。するともう一羽が、「ちがうよ、ジャコ」と言って、正しく歌ってみせる。はじめのオウムは、自尊心を傷つけられて、「おまえの方が、間違ってるんだよ」とやり返す。「訓練には、三週間かかります。一度試した方が確実ですよ。まず五十羽ほど手に入れてやってごらんなさい」と、名人はこう言った。その五十羽が手に入ると、ぼくたちは、それを動物の輸入業者が所有している荒れた城館の離れに入れて、二十四時間ひっきりなしに、「おーい、ペルノ一杯！　おーい、ペルノ一杯！――おーい……」というテープを聞かせた。しかし三週間たっても、オウムは一言もしゃべらなかった。ぼくたちは専門家に相談して、秘訣を教えてもらった。「オウムというのは、ひとりの主人からしか言葉を憶えないものなのです。お気に入りのメスオウムは別ですが、ほかの鳥が一緒だとだめですよ」

とすると、この計画を実現するには、一万人の調教師が、三週間つきっきりで教えなければならない。結局、ぼくは、お払い箱になった。オウムの自尊心のために、ひどい目にあったものだが、いい経験になった。広告マンは、実現できるかどうかわからないようなアイデアは、絶対に売ってはならない。

一九七〇年はぼくたちにとって、いわば蒼い年だった。しかし、一九七一年は暗黒の年になった。

巨匠ダリをくどくには

1972年

もしこの世から不敬の輩《やから》が姿を消し、

最後に一人だけ残るとしたら、それが私でしょう。

——コルーシュ

〔コメディアン〕

一九七二年は、ひっそりと幕を明けた。新しい会社ができたばかりの何ヶ月かの間は、世間の目も集まるが、それが過ぎると関心は薄れていく。新入りの広告会社と広告主たちとの間にそびえている壁を、ぼくたちは突き破らなければならなかった。そこでぼくたちは、裸の子供たちのポスターを作品集がわりにかかえて、まず不動産業界に名乗りを上げた。最初につかんだのが、住宅供給公庫の仕事だった。予算は、四百万フラン。

「今回は特別に、今までとは違った物件を売り出します。森に面した白亜の高層マンションですよ」と不動産屋が言った。マンションは、まさにパリの空にそびえる船の舳《へさき》といった感じで、セーヌ川に錨を降した豪華客船を思わせた。ぼくたちは、祝福の気持ちをこめて、これに「フランス」という名を付けた。

キャンペーンは、非の打ちどころのないものだった。広告マンとしての一生の中でも、指折り数えられるほどの出来ばえだろう。最初にこれに目をとめたのが、ジルベール・ベコーだった。彼は最上階とその次の階を全部買った。問題は、彼のグランドピアノをどうやって部屋に入れるかだった。エレベーターはおろか、荷物用のエレベーターにも乗らないので、とうとうクレーンで吊し上げることになった。ところがピアノが地面から離れようとした瞬間、ベコーがこの台の上に飛び乗ったのだ。彼はくくりつけてある椅子に座ると、『やさしきフランス』の曲をひきながら、するすると上に昇っていった。

＊

不動産広告も試練の繰り返しだった。ぼくたちの目の前には、壁が立ちはだかっていた。広告の成果を知るには、確実な事後テストがある。つまり月曜に集計される売上げ高を調べるという方法だ。ぼくは『フィガロ』に六百ミリ〔一行は二・二五ミリにあたる〕の広告を出していた。もし週末までに不動産の売上げが上がっていなかったら、弁解の余地はない。つまり広告が悪かったということなのだ。次の木曜日に向けてすべてやり直すしかない。売るか、さもなければ死か、これがこの市場を支配するただ一つの掟なのだ。

不動産広告というのは、決して魔法のようなものではなく、きちんと計数化できる仕事なのだ。だからこそやり甲斐もある。不動産広告の原則は、物件の持っている特徴をひき出して、強調することだ。しかも取り上げる特徴はひとつだけ、それを徹底的にアピールすることが肝心だ。交通至便で設備が整い、建築がしっかりしていて、しかも他より安いというような物件は、まずないのだ。女性と同じで、たとえば頭が良くて顔もまあまあとか、美人で頭も悪くないという場合はあっても、才色兼備とはいかないものだ。

「フランス」の売出しは華々しい花火のようだったが、それに続く「シュー」の方は、まるで湿った爆竹だった。グランヴァルの設計による高層マンション群が、パリ郊外のクレティーユに完成した。建築家のグランヴァルは、文学で言えばセリーヌのような存在だ。夜の果てを旅することが芸術家の仕事だと、彼は考えている。つまり彼の仕事は、安らぎなどとはおよそ縁のないものだった。

でき上がった高層マンションは、本体が何の変哲もない円筒形で、その周りに花びらの形をしたバルコニーがついていた。つまり建物全体が花のような形になるのだ。ひとつひとつの部屋は、雲から吊り下げられた吊り籠のような感じだった。部屋の平面は、三角形になっており、バルコニーが三角形の底辺にあたる部分にあり、頂点に入口があった。つまり生活は、天空から始まり、扉で完結するというわけだ。この巨大なコンクリートの花弁には、住む人を包み込み、守り、育てるというもうひとつの良さがあった。だがそこに気づくのが遅すぎた。ぼくは形に心を奪われて、基本を忘れ、このマンションに「シュー」〔キャベツ〕という名を付けてしまった。そして赤ん坊はキャベツから生まれるという、子供によく聞せる話から題材をとって、「人はシューから生まれた。そして今、『シュー』に住む」というコピーを作った。結果は、大失敗に終った。ぼくも今では失敗の原因がよくわかる。広告の世界では、子供だましは通用しないということなのだ。目新しいコピーを作ろうなどという下心は捨てて、買い手にちゃんとした情報を与えて信頼感を植えつけるべきだったのだ。ありのままの事実を述べ、建物の良さを、おだやかな調子で伝えればよかったのだが……ともかく犯した過ちは、償なわなければならなかった。「シュー」は姿を消し、出資会社との間に交していた他の契約も全部取り消しになってしまった。そのうえジェラール・グランヴァルまで締め出され、しばらくの間ではあるが、ぼくたちのせいで新しい建築の芽が摘まれてしまった。これ皆、我が罪なのである。

＊

落馬したら、次にすべきことはただひとつ、すぐさま鞍にはい上がることだ。ぼくも失敗にめげず、すぐに再出発の体勢を整えて、新たな競争へ猛然と飛び込んでいった。「フランス」の予算獲得のとき競争相手だったアバス、ピュブリシス、ヤング・アンド・ルビカムとのリターンマッチだ。予算は五百万フランとなかなかのものだった。この勝負にはフロン・ド・セーヌにある最後のマンションが、かかっていた。設計にあたったアンドローとパラーは、周囲の反対にも屈せず、発案者のねばり強さで、施行業者の偏見をくつがえし、コンクリートと鉄骨とガラスとでできた彫刻、まさに住む芸術品と言えるようなマンションを造っていた。なによりもまず価格が、国宝級なのだ。一平方メートル当り一万フラン。この値段はパリの一等地、フォッシュ通りの当時の評価額と同じものだ。だがフランス人というのは、並はずれたものにはあまり興味を示さないし、自分の好みを熱狂的に追い求めるということもない。だから販売方針を変えて、ニューヨークやベイルート、テヘラン、ジュネーヴあたりで買い手を探す必要があった。

この建物の偉大さと斬新さを同時に表現し、翻訳せずとも意味が通じ、しかも人目をひく広告とは何だろうか。それは、絵画だ。この二十世紀の記念碑的建物を描けるのは、サルバドール・ダリしかいない。ぼくは、急いでカンプを作らせ、この建物を「トーテム」と名付けた。

プレゼンテーションの当日は、不安でたまらなかった。公庫の担当者たちに、数百万フランでこの建物を売り出せるのはダリだけだということを説得するのは、至難の技だ。だが奇跡が起きた。広告界の三巨人を相手にまわして、ぼくたちはこの競争に勝ち残ったのだ。だが仕事を完成させるには、もうひとつ奇跡を起こさなければならなかった。「トーテム」を売り出せる唯一の人物としてダリを売り込んだが、今度はダリにこの広告の仕事を売り込む番だった。

ダリは、冬をニューヨークで過していた。パリ有名人士の集まるエリゼ・マティニョンの主催者、アルメル・イサーテルが、ダリとコンタクトをとってくれたので、ぼくはダリの画集をかかえてパリを発った。ニューヨークに着くと、好印象を与えるために作家や広告マンの多いアルゴンカン・ホテルに腰を落ちつけた。巨匠は、サン・レジ・ホテルにいた。彼を電話でつかまえるのに、二日もかかってしまった。ダリが出たとき、ぼくは電話口で震えていた。

「もしもし、先生でいらっしゃいますか」

「やあ、ジムネ君……」

「私は、セゲラと申しますが……」

「いやジムネだ。これが君の暗号名なのだ。わしには他の名前は通用せん」

「わかりました」

「五時に、パーム・コートで会おう。目印がわりに赤いネクタイをしてきてくれ」

ニューヨークのパーム・コートと言えば、ぼくの青春の地ペルピニャンのボンヌ・ヴィーにあたる場所だ。つまり街中で一番高級なティー・サロンということ。ぼくは、生まれて初めて、約束の時間きっかりに着き、ただひとつ空いていたオーケストラに近い席に着いた。

突然ダリが姿を現し、マントをなびかせて店を横切り、赤いネクタイをしているぼくのところまでやってきた。弟子らしい、無口で官能的な日本女性が一緒だった。ダリが腰を降すとすぐに、隣りのテーブルから、挨拶をしに来た男がいた。背はひょろりとして、夜型の人らしい青白い顔、髪は白茶けて、両目の間が狭く、度の強い遠視の眼鏡をかけ、グレーのトレーナーの上からスモッキングをはおっている。なんとそれが、アンディ・ウォーホルだった。ダリは、彼の黄色い螢光ラインが二本入ったスニーカーにちらりと目をくれただけだった。

巨匠は、見事な口髭をぴりりと震わせて、こう言った。「今日は、なんもまサイケデリックな日じゃわい！　生きているグラフィック・アートが、恒星宇宙のぐにゃりと曲った時計に、敬意を表しに来るとはなあ！　ニューヨークに住む新世界のソドムの民は、芸術史上たぐい希れなる一ページに居合わせたわけだ」

　アンディ・ウォーホルは、少しも動じずに、ただ一言「はあ、そうですな」と言っただけだった。そうこうしているうちにオーケストラ・マスターがやってきて、恭しく巨匠の好みの曲をたずね、同時に目の前には菓子のたぐいが並べられた。まるでシャトレ劇場にでも行ったようなきらびやかさだった。

　ぼくが一番驚いたのは、普段でもダリのあの奇矯さは少しも変りないということだった。テレビの紹介番組や、彼の突飛な企画による展覧会のオープニング・パーティで、彼の姿を見たことがあるが、ダリが四六時中、あんなふうだとは思っていなかった。ニューヨーク滞在中、ぼくはダリから目を離さなかったが、彼は、一度たりとも、まともなそぶりを見せたことがなかった。人並はずれた発明の才と注意力がないかぎり、彼のようにいつも日常性にさからうことは不可能だ。刻一刻の時間を、特異なものにするのが、ダリの第一の才能だと言える。彼の作品であるぐにゃりと曲った時計や、キリストの磔刑図《たつけいず》と一緒に、ダリ自身もルーブル美術館に飾っておきたいような人物なのだ。彼の考えることは、いつも目まぐるしく変っていたが、その中でひとつだけ変らないものがあった。それは拝金主義だ。ダリは、開口一番、ぼくにこう言った。

「トランクは、どこかね？」

「トランクと申しますと！」

「金の入ったトランクじゃよ。なに！　わしに会うときは、わしの超自然芸術に捧げる奉納金を持ってこなければならんことを知らんのか、いったい何のために来たんだ。この間抜けが！」

ぼくは、やっとのことで来意を告げ、高層マンションの広告を依頼した。ダリは、ぼくをぴしゃりとさえぎった。

「わしは、シュールレアリストとして、広告なんぞは大嫌いじゃ。高層マンションは、その何倍も嫌いじゃよ。ジムネ君、つべこべ言う前にまず、二つの試験に合格することじゃ」

最初の試験は、すぐに始まった。巨匠は、チョコレート・エクレアを平らげ、ピスタチオ入りミルフィーユに取りかかりながら、女弟子を紹介した。

「このミス・サヨナラは、この世のものとは思われない特異な才能を持っておるのじゃ。だからこそ、ダリに心を捧げたのだが。サヨナラは、指を反り返らせて、第六の感覚を作り出せるのじゃ」

日本人の女弟子は、その場で特技を披露した。バリ島の踊り子のように、指を九十度に反り返らせるのだ。シャトレ劇場の次は、能楽のお出ましだ。

「虫がはうような感じなんじゃよ。君は知らんだろう。逆からやってもらったことはあるかね。サヨナラが、ダリの逆さの王国に案内するよ」ダリがこう言い添えた。

日出ずる国の女弟子は、すばやくぼくのズボンのジッパーに手をのばしてきた。ぼくはセックスに人種差別を持ち込まない方だが、ニューヨークのパーム・コートのど真ん中で、しかも夕方の五時に、テーブルの下で柔らかな手に弄ばれるというのは、それだけで息を飲むような体験だった。能楽は、一転してライブショウに変っていった。

「ジムネ君は、第一関門を通過したようじゃな」シュールレアリストは、ひやかし笑いを浮べながら、こう言った。「明日、同じ時間に、ここに来たまえ」

最悪の事態が頭に浮んだが、ここでめげてはならなかった。翌日、ダリは、ホテルのロビーで、早々とぼくを待ちかまえていた。

「五時に会うのはとりやめだ。ガラが待っているから、いっしょに来たまえ」

ぼくは、てっきりダリ夫人にひき合わせてもらえるのだと思った。彼と交渉した人なら誰でも知っているが、これは吉兆だ。ぼくは、ほっと一息ついた。だがぼくが連れていかれたのは、女神のところへではなく、アメリカのホテルにしかないようなけばけばしく飾りたてたショーウィンドウの前だった。

「あのサクランボの籠が、見えるかね？　あれは、ガラを肉感的に表現しておるんじゃよ。明日、サン・レジで待っているからな」とダリはささやいた。

ぼくは、品物の方に目を向けた。ダリが指定したのは金をあしらった陶器の骨董で、思わず吐気がするようなしろものだった。すぐに店に入ろうとしたが、すでに夕方の六時、そのうえ金曜日だったので、店は週末の休みに入ってしまっていた。ぼくは、その夜、店主の電話番号をつきとめて、次の日、田舎で週末を過している店主に、なんとかして店を開けてくれるよう頼み込んだ。

この請求書には、法外な値がついていた。ひとつかみのサクランボふぜいに、八百ドルだ。こんなことなら第一関門の方が、まだましだった。

翌朝、ぼくはダリの聖域に案内された。アメリカの豪邸ならどこにでも敷いてあるような毛足の長い、けばけばしいじゅうたんの上に、ビクトリア調の長椅子が置かれ、夫人は、その椅子に陣どっていた。まるでドイツの暗黒小説のヒロインのようだった。あるいは翼を休める不吉な巨鳥か。その貪欲そうな目、反り返った唇……。思わずぞっとするような気配だった。かつてはエリュアールに霊感を与え、ダリもガラなくしてはダリたりえなかったということを知らなければ、七十歳の今でも、ダリがガラを熱愛していることは、とうてい理解できないだろう。

ガラは、ぼくの捧げ物には目もくれなかったが、ダリはご満悦だった。話は、十分でまとまった。これから三週間、ダリ夫妻はそろってパリに戻り、作品の制作にあたることになった。契約価格は十万フラン。ぼくは作品をはじめとしてダリの名前、サインの使用権を手にした。ニューヨークを駆け回ったことに、悔いはなかった。ダリは、約束通りホテル・ムーリスのスイートルームに十日ほどこもって、作品を仕上げた。

それればかりか彼にはもう一枚描く余裕さえあった。このキャンペーンのコピーライターが、大柄なブロンド美人だったが、ダリ先生とお近づきになりたがっていた。それで、ムーリスに連れていくと、ダリは彼女を昼食までひきとめ、翌日、ヌードのモデルになってほしいと言い出した。結局彼女は、断りきれなかった。それから一週間、毎日午後になると彼女はダリのもとに出かけた。ダリは、最後の日に、完成した作品を彼女に見せたが、なんとそこに描かれていたのは、彼女のあの女の部分だけだった。

その上、この現実離れしたエピソードには、はなはだ現実的な落ちがついていた。よほど運が悪かったのだろう。ダリは、支払いは半額をスイス・フランで、あとの半額はブーグローの絵にしてほしいと言ってきた。ブーグローというのは陳腐な画家だが、ダリはたいへんな気に入りようで、彼のフィギュラス美術館のために、ブーグローを一点入手したがっていた。数点の中から一作を選びたいという意向だった。

ぼくは、このマニエリスムの画家の傑作を三点ほど探し出した。その中で一九〇〇年制作の、なめらかな太腿をあらわにした浴女の図に、ダリはすっかりまいってしまい、この作品を選んだ。売り手は、この絵がオランダ王室から出たものだと太鼓判を押した。ぼくは、この絵のたどった運命と、近くフィギュラス美術館に展示されることを知らせておく方がいいだろうと思い、オランダ王室に手紙を書いた。返事はかなりそっけないもので、この浴女の絵は、今だかつて一度も、オランダを離れたことはないし、現在も宮廷の食堂にかかっていると書かれていた。

つまりダリのブーグローは、まっかな偽物だったのだ！

*

次々と仕事をこなしていくうちに、ぼくたちは大手と言われるようになった。しかも不動産広告専門の……。競争相手や敵でさえも、この評判は認めていた。しかしこれはおよそ考えうる最悪のものだった。つまりぼくたちを専門家として称えることは、ほんとうの競争の場、大量消費市場から、締め出すということなのだ。マス・マーケットの競争は熾烈だ。六八年五月革命のさなかに生まれた若手の広告会社が、アバス・ピュブリシス体制に揺さぶりをかけ、力をつけたいくつかの会社が、他社をひき離して、ゴールに向って突っ走っていた。黄色のユニフォームが、フェルドマン・カルー社、緑のユニフォームが、ブロシャン、ゴダールの二人組が死にもの狂いで率いるDDB社、白地に赤い水玉は、TBWA社だ。ビル・トラゴスは、イタリア、ドイツ、イギリスに支社を広げていた。一方ぼくたちはやっと、マルセイユにできたばかりの広告会社と、あいまいな協力関係を結んだところだった。強力な巻き返しをはからなければ、ぼくたちは永久にとり残されてしまう。

だが、いったいどうしたら新しい力を得ることができるのだろうか？

地方にネットワークを
ひろげる 1973年

もし一年働くつもりなら、麦を播け。
十年働くつもりなら、木を植えよ。
三十年働こうと思うなら、人を育てることだ。
――中国のことわざ

人生には、いくつもの節目がある。それはまた軌道修正の時でもある。生まれたときの聖体拝受、初めての女性、初めての仕事、初めての子供、みな、人生航路の変り目だ。会社にも同じような節目がある。初めてのクライアント、初めての成功、初めての不渡り手形、初めて犯した過ち。

一九七三年は明けたが、ぼくたちは五里霧中だった。ひたすら仕事に打ち込み、火傷をしたくないばかりに、ただ前へ前へと進んでいた。だが結局、先行きの不安に行きあたっただけだった。

不動産広告は、いずれぼくたちの糧道《りょうどう》を断つだろう。不動産専門の広告会社というイメージが、逆にぼくたちの首を締めることになるのだ。最初にその危険に気づいたのは、ベルナール・ルーだった。彼は、当初から、各セクションごとに五年間の発展計画を作成し、三ケ月毎に調整を行なっていた。政治において、統治とは即ち予見することだが、広告の世界でも同じことが言える。

一月のある土曜日に、初めての経営者会議が開かれ、二つの決定が下された。

一、地方の新しい広告会社と連携して、アバス・ピュブリシス体制の円滑な動きに歯止めをかける。

二、若手の有能なマーケティング・マンを採用して、マス・マーケットに乗り込む任務を与える。

アメリカには、二億三千万の人口に対して、テレビ局が七百、日刊紙が千五百、ラジオ局が六百局ある。フランスには、五千万の人口に対して、テレビが三局、日刊紙が九十一紙、ラジオが五局あるだけで、地方へのメディア分散は、ほとんどないも同然だ。残念ながら、広告マンたちには地理がわかっていない。彼らにとって六角形のフランスは、四角形のパリ盆地に集約されてしまう。ぼくが地方のネットワークを提案すると、おめでたい誇大妄想狂だと言われた。誇大妄想という意味は、地方の広告市場が、ピュブリシスが多少喰い込んではいるものの、おおむねアバスの禁猟区だからだ。

おめでたいというのは、この「何もないわずかばかりの土地」から、利益が上がるとは、誰も思っていないからだ。

ともあれ、最初の支店はマルセイユに置くことに決まった。だがぼくたちは、ここで最大のミスを犯した。支店を新設するかわりに、現在ある会社をスタッフごと買いとったのだ。ぼくたちの支払った法外な値を知って、スタッフは、自分たちにそれだけの値打ちがあると思い込んでしまった。マルセイユ支店の出費は、ちょっとした手落ちや管理上の欠陥まで合せて、二百万フランに達した。通常の十倍の値だ。最悪の投資だった。しかし反対にこれがなかったら、地方のネットワーク作りはうまくいかなかっただろう。失敗によって、やってはならないことが何かを学ぶことができたからだ。ぼくたちは、最初とは逆の方法で、支店網作りを進めていった。

五年で、フランス有数の支店網(ニース、マルセイユ、モンペリエ、トゥールーズ、ボルドー、ナント、レンヌ、リール、ルーアン、ナンシー、ストラスブール、リヨン、アネシー、クレルモンフェランに、合わせて十四の支店)を作るためには、一週間に二度は飛行機で現地に飛び、いっぺんに二つの仕事をこなし、パリで一千万フランの予算を獲得するのと同じ気持ちで、カルパントラ〔南フランスの小都市〕で、十万フランのために奮闘した。そしてカタロニア、バスク、プロヴァンス、ブルトン、アルザスなどの方言を話す。つまりフランスの実情に通じていなければならない。だが苦労した甲斐があった。この仕事のおかげで、フランス人の生活と広告の実態を目のあたりにすることができたのだ。流通機構の秘密や特約店の仕事、販売網の絶大な力などは、この時に学んだことだ。それに消費者の姿を知ることができた。流行の波やパリの騒ぎに巻き込まれたりせず、良識に従って物を買う人たち。こうした消費者たちを、騙すことはできない。タレイランが「パリには精神があり、地方にはそれぞれ性格があるのです」と言ったとき、ナポレオンはその言葉に少しも耳を貸さず、まるで上の空だった。残念なことだ。実際、地方に行くと、ぼくたちの性格づけもはっきりしていくようだった。ぼくたちは、はじめコミュニケーションの使者として、福音を授け、人々から聖者のように迎えられるとばかり思っていた。ところが逆にまるで侵略者扱いだった。アバスとピュブリシスが広告市場を支配し、しかも彼らはあくまで独占を守り抜こうとしていた。フランス全土が、彼らの手の中にあった。ここまでくると、独占体制はまったくマフィア並みだ。地方紙に君臨する二大帝王は、ぼくたちが媒体手数料を取るのを、あからさまに拒んだのだ。ぼくたちは稼ぎを奪われてしまった。いったい何の権利があるのか。これこそ強者のごり押しではないか。

地方紙がなぜこのような前時代的な締め出しをしたのか、ぼくには理解できない。ぼくが初めて日刊紙の紙面を作ったときは、まるで学生運動が起きたときのような騒ぎを巻き起こしたものだ。それはアリストート・オナシスが、彼の会社、オリンピック航空の宣伝になにか変ったアイデアはないかと言ってきた時だった。パリ—アテネ間の直行便をまもなく開設することになっていて、その日がちょうど、四月一日だった。願ってもない幸運だ！　ぼくは、『フランス・ソワール』との一面広告にこういうタイトルをつけた。「エッフェル塔、ギリシャへ売却。解体後、オリンピック航空機で、七日間にわたり輸送の予定。詳細は十ページを見よ」十ページには、エイプリル・フールの種あかしと、新路線の解説を載せた。これには、皆大笑いだった。大見出しをうのみにした、何百人ものパリ市民たちが、シャン・ド・マルスに駆けつけてデモを繰広げた。新聞社には二千通もの手紙が舞い込んだ。

パリ中、この悪ふざけでもちきりだった。パリ―アテネ直行便は、開設早々、満席となった。オナシスは、感謝のしるしに、シャンペンを一箱、自家用のボーイング機で送ってくれた。

残念ながら、ギリシャ産のシャンペンだったが！

最近では、ソニーの家庭用ビデオ、ベータマックスのキャンペーンがある。ぼくたちはまず『フィガロ』と『ル・モンド』に、謎めいた広告を載せた。「第四のチャンネル、まもなく開設」投資家たちは、ヨーロップ1局に新しいチャンネルができると思い込み、テレビ局の株価は急騰した。謎が解けると株価は下がったが、それでも元の値よりは高いところに落ち着いた。

こうしたインパクトは、日刊紙だからこそ与えられるのだ。ぼくが、他のどんな媒体よりも日刊紙を好む理由がここにある。新聞というのは知名率が低いために、敬遠されがちで、媒体としては冷遇されている。だがテレビに目を奪われている広告マンたちがどう思おうと、世論を巻き起す力は、日刊紙が一番強い。新聞には、しっかりした基盤があり、掲載されたすべての情報に信頼性を与えることができるからだ。この点で、日刊紙は、確実で、基本的なメディアだと言える。

新聞は、ポスター同様、大見出しと強い視覚表現の媒体と考えるべきだ。だが気をつけた方がいい！　日刊紙の読者には、良識とユーモアのセンスがある。彼らを楽しませるのはいいが、騙すのは禁物だ。特に地方紙は、ただの新聞ではない。官報であり、朝刊紙であり、同時に各村々の週刊紙でもある。

以前、ペルピニャンで、父の親しい友人がレジオン・ドヌール勲章を受けることになった。父がお祝いを言うと、

「そのことは言わないでくれよ、まだ確かじゃないんだから」と、友人が言った。

「だけど、今朝、官報で読んだんだよ」と、父が答えた。

「ああ、でもアンデパンダン紙〔南フランスを基盤にしている地方紙〕には、まだ載っていないんだ」

＊

マルセイユ、ボルドー、リヨン……と、地方の支店網は広がっていった。あとはパリを強化することた。絶えず飛行機に乗り、あちこちの都市や広告会社を駈け回るかたわら、ぼくたちは、熱心に三人目の相棒を探していた。

まず最初に接近したのが、ジャン・クロード・ブーレだった。彼はフランス最大のアメリカ系広告会社、ヤング・アンド・ルビカムを率いている男だ。身長一メートル八十センチの堂々とした体、前衛的パンクスタイル、チャーチスの靴にモヘヤのブレザー。射るように鋭い目をしている。まるでオックスフォードとマリブ・ビーチとケープ・ケネディを一緒にしたような男だった。

ブーレは、ベントレーに乗ってやって来た。ぼくとルーは、かわるがわるに二時間がかりで話を進めた。初めて成功した仕事、ぼくたちの希望と野心、アバス・ピュブリシス体制と既成概念に対する挑戦等々。そして食事が終る頃になってはじめて、会社の株の二十パーセントを譲るつもりだと持ちかけた。ぼくたちは、これで話は決まるはずだと思っていた。

「わたしにはまだ早すぎます。またいずれ」そう言い終えると、ブーレは席を立った。

その次に接近したのが、ベルナール・ブロシャンだった。ジャック・ドゥースが、アバス・グループのニクソン大統領なら、ブロシャンはさしずめキッシンジャーというところだろう。若手の広告マンの間では、ジョン・F・ケネディ的存在と言ってもいい。ブロシャンは魅力的な人物だし、市場開拓の野心に燃えていた。当時彼は、アメリカ最大でもっとも革新的な広告会社、ドイル・デーン・バーンバック（DDB）社のフランスでの支社を創立したところだった。だが彼が、創立以来数ヶ月間に打ち出した広告は、フランス広告業界に一大旋風を巻き起していた。たとえばフォルクス・ワーゲン・ビートルの自社を風刺した広告、カナダ・ドライの広告には本物よりずっとすごみのある「悪党《アンコリユプテイーブル》たち」〔ギャングもののテレビ・ドラマ〕のコピー、ジャック・バブル社のメキシコ民俗調の広告……等々。

「どんな男を、探しているのですか？」と、ブロシャンがたずねた。

「もうひとりのブロシャンですよ」

「それならNCK社のカイザックに会うといい。わたしの知るかぎりでは、彼しかいませんね」

もしジャン・ギャバンが、俳優ではなく広告マンになっていたら、アラン・カイザックと名乗ったにちがいない。カイザックの中には、ノルマンディーの農民と生意気なパリっ子が同居している。がっしりとした体と、いたずらっぽい目。彼の仕事ぶりは、猛烈だが、けっして雑にはならず、冷徹だが冷淡ではなく、自制はするが抑圧はしない。アランは、まさに自分をコントロールできる奔流だった。彼はまた、テニスの名プレーヤーでもあり――全仏百位以内のランクを保っている――彼の人生も、ラケットを握ったときと少しも変りなかった。訓練、集中力、規則性、パワー、最後の一瞬のひらめき。いつも最終セットで、勝利は彼のものになる。

アランが、ぼくたちの申し出に答を出すまで、まる一年かかった。ためらっていたのでも、駆け引きのためでもなく、彼は考えに考えていたのだ。ぼくたちは二週間毎に会うことにして、アランが用意してくる質問を、一緒に検討した。質問の種が尽きると、アランは帰っていく。彼が承諾した日、それは、生涯の約束となった。

ルーとぼくは、偶然に広告界に入ったが、カイザックは、はじめから広告が天職だった。彼にとって、広告は最初で最後の仕事だ。たとえばエコール・ポリテクニクがビジネスマンを作り、ENAがエリート官僚を養成し、エコール・ノルマルが教育者を生み出すように、プロクター・ギャンブル社は、広告界のエリートを作り出している。アランは、そこの社員だった。広告界の檜舞台だ。優秀な成績をおさめた者だけが、ここに入ることを許される（広告界のエリート養成校といったところだ）。たとえ短期間でも、ここに席をおけば、栄光は一生続き、プレステージも収入も倍増する。この聖域は、いったいどんな会社かというと、世界一の洗剤メーカーと言うしかない。ここで出している製品のトップブラントは、アリエル、ボニュックス、ダッシュ、キャメイなど。いずれも歴史のある寿命の長い製品だ。プロクター・ギャンブルに入社した彼は、まずフランス北部の炭抗町で、一軒一軒ボニュックスを売ることから始めた。六ヶ月間外回りのセールスをした後、彼は本社に戻って、広告のコーディネートをした。その後アランは、しばらくの間アメリカ系のNCK社に移っていたが、ついに洗剤の方には見切りをつけて、我社の経営に参加することになった。彼は、よく組織され、居心地の良い、無菌室のようなアメリカ企業から、無秩序で、騒々しくて、にぎやかなフランスの一企業に移ったわけだ。まさにプロクター・ギャンブル社の社員が、ダリの家に入り込んだようなもの。不条理の世界に紛れ込んだ理性といったところだった。

アランは、息つく暇もなかった。ぼくたちは、すぐに「ペンキ協会」のキャンペーン獲得に乗り出したのだ。これが彼の初仕事となった。朝、大急ぎでブリーフィングが行なわれ、コピーは一週間で仕上げることになった。問題は、はっきりしていた。ペンキメーカーが協会を作ったのは、毎年シェアを伸ばしている内装用壁紙、パピエパンに対抗して、共同戦略を打ち出すためだった。目標は、もう一度ペンキ塗装を流行らせることだ。その夜、ぼくは会社中に戦闘体制をとらせた。二階のオフィスにいるアランに会うために、エレベーターに乗ると、アランはちょうど中に居合わせ、会議はエレベーターの中から始まった。

「イメージの問題なんだよ、それに説得力だ。スターの推奨広告でいくんだ。でもどうやって流行と結びつけるかだな?」ぼくは熱っぽく言った。

「オート・クチュールのデザイナーはどうだい?」アランは、さりげなく答えた。「スターだし、流行の先端にいる」

こうして彼は、エレベーターの中で初めてのキャンペーンを作り出し、ぼくたちは、この元プロクター社員を不条理の世界に迎え入れた。

ぼくたちは、アカウントを手にした。そしてすぐにデザイナー探しに取りかかった。有名デザイナーを相手に、ペンキ塗りの広告に出ればデザイナーとしてのイメージが高まると説得するのは、まるでローマ法皇に、ブリジット・バルドーと結婚すれば、教会のイメージが若返るということを納得させるようなものだ。ぼくたちは、ポスターを三案、予定していたので、デザイナーも三人必要だった。

ルイ・フェローとは多少面識があったので、ぼくはまず、フォーブル・サントノレ通りにある彼の家を訪れた。フェローは、南仏からパリに流れてきた男で、アルルのパン屋だった彼には、まだパンとラヴェンダーの香りがした。床に敷きつめてある南仏の赤レンガ、粗塗りの壁、突き出た暖炉、山羊の毛皮、壁の窪み、部屋の隅には、南仏娘を待つ古いブランコ。ここがパリだということを忘れてしまいそうだ。窓からはエリゼ宮が見おろせ、レセプションや会見に忙しい大統領を間近かに見ることができるのだ。フェローは、まるで南仏の作家ジオノーをのぞき魔にしたような男だ。

「『同郷』じゃ、一肌脱がなきゃならないなあ。太陽と南仏訛りにかけて、君のサンドイッチマンになると約束するよ」フェローは、心やさしきジオノーだった。

「結局、俺たちは同じような仕事をしているんだよ。広告とファッションっていうのは、似た者同士さ。新しいものを生み出すとともに、作品について語る芸術でもあるんだ。だが自分の作品を自分が語るのではなく、他人が語るようになったときはじめて、君は成功したと言えるんだ」と彼は言った。

「同感だ。だがどうしたらいいのかな」

「黙っていることさ」

南仏生まれの人間とは、話がしやすい。アルル出身のフェローの次は、ニーム生まれのジャン・キャシャレルだった。バシュラールは、環境がいかに人間の性格に影響するかを証明してみせたが、もしキャシャレルを知っていたら、人間がいかに環境を変えるかということを発見しただろう。キャシャレルは、いつも舞台装置に凝るのだ。パリでデビューしたとき、彼はむさ苦しい倉庫を、みごとにモダンなデザインの殿堂に変えてしまった。プラスチック製の小部屋、宇宙船のようなブース、観覧席になった中央の窪み、床にはフィンランド製の白いリノリウムが敷きつめてある。それに派手な照明と、壁面にはスーパーリアリズム調の絵だ。

彼は、ヴェルヌイユ通りの豪邸を買いとり、邸宅とその様式を損なわずに、自分の趣味に合せて作りかえるために、八年の月日をかけた。彼の邸は、まさに十八世紀と二十世紀の恋愛結婚の産物だった。床、壁、塗りの天井、巧みに配置された鏡、鋳造の椅子、イギリス風小庭園、油絵ではなく、極彩色の鳥が描かれているポップ調の壁画。応接セットのかわりに、床に窪みがあり、ベッドは天蓋付きのものではなく、床から段状にせり上がっているだけのもの。

キャシャレルは、広告に関してはかなりうるさいと聞いていたので、ぼくは断わられるのではないかと心配だった。彼はデザイナーの中では、ブランドのアピールにもっとも成功した男だ。彼が広告から学ぶことは何もない。彼自身が広告を作り出したのだ。イメージの一貫性、完璧さという点では、キャシャレルの広告はフランス最高のものだ。

「わたしが成功したのは、製品を出す前にまずその製品のイメージを広告によって浸透させたからですよ。イメージだけが、心に触れる力を持っているのです。心が開けば、サイフのひももゆるみますからね」キャシャレルは、こんなふうに手の内を明かしてくれた。そのうえ彼は、依頼したペンキの広告を、すんなり引受けてくれた。フェローと同じ南仏人の心意気だ。

クレージュは、ビジネスとして、この話を承諾した。彼は、ポスターは何部刷るのか、名前はどの程度の大きさで出るのか、画面には彼ひとりかなど、詳しく内容を知りたがった。出演タレントに支払うギャラはあらかじめ決めたかということまでたずねてきた。要するにこれは、本人自身がいちばん知りたかったことなのだが。

撮影には、新星クー・カーンがあたり、デザイナーたちの自宅で写真を撮ることにした。ひとりひとりの基調色が欲しかったので、キャシャレルは青、クレージュは白、フェローはバラ色を選んだ。そこで各人の居間は、必要に応じて塗りかえられた。

「バラ色の人生を送らせてくれ。家中みんなバラ色にするんだ」とフェローが言い張った。

二ヶ月後、フェローから電話がかかってきた。

「どこもかしこもバラ色で、気が狂いそうだよ。助けてくれ！」

ぼくたちは、また全部、白に塗り直すはめになった。

ついにポスターが街に貼り出された。完成を祝って、ぼくはラセールで昼食会を催した。だが場所の選定を間違えたようだった。クレージュは、自分でデザインした服――白のポロシャツ、白のナイロン・ジャンパー、白のビニール・ブーツ――でやって来たのだが、ラセールはネクタイ着用なので、店に入れてもらえず、しかたなく給仕長のボウタイを借りて入ってきた。フェローがニース風ラタトゥイユを頼むと、コック長はそっけなく、そんな料理はメニューにはございませんと言う始末。キャシャレルは、ニューヨーク行きの飛行機に乗ることになっていて、昼食もそこそこに引き上げていった。

ぼくたちは、ファッションについて無駄話をしていたわけではなく、収益上の話をしていた。それぞれが数字を並べ上げ、ついつい声高になってしまった。隣りのテーブルで、ひとり食事をしていた老紳士が、ぼくたちの騒々しさ、あたりかまわぬ態度に眉をしかめて、ちらりとこちらを見た。まるで新旧、二つの世界が、出会ったようだった。ぼくたちは新世界の住人だ。いつも時間と競争し、表面だけの、ファッションや広告の世界に生きている。彼は旧世界の住人だった。静けさ、省察、歴史、文学……そう、彼はアンドレ・マルローだった。

ぼくは、ひどく戸惑ってしまった。生まれてくる星を間違えてしまったような奇妙な気持ちだった。

＊

カイザックは、マス・マーケットへの道を切り拓くという難事業にとりかかっていた。それはまさに戦いの道だった。ここで勝利を収めるためには、熾烈な競争を戦いぬかねばならない。だがそれは、栄光への道でもあった。ひとりの広告マンが、あるブランドを一躍有名にすることもできるのだ。知名度の高いブランドは、ずっと昔からあったような気がするが、はじめは小規模な広告展開で、予算も少なかった。たとえばビックのボールペンは、一九五〇年の十二月に、北部でテスト販売された後、フランス全土で売り出された。エヴィアンのミネラルウォーターが市場に投入されたのはその翌年で、広告費は三千万旧フランだった。セブの圧力鍋は、一九五四年に千二百万旧フランで市場投入され、家庭用電気調理器具のムーリネックス社は、一九五五年に自社で広告を制作し、投じた額は八千万旧フランだった。ストッキングのディムは、一九六四年に、当初、バ・ディマンシュという名で売り出した。電気小売店のダーティも、ラジオ・キャンペーンを始めてまだ六年しかたっていない。

今日のスターも、昨日までは無名だったのだ。有名ブランドへの扉は、閉ざされてはいない。だが誰もが入りたいと望んでいるこの扉の前には、人気のあるクラブがどこでもそうであるように、たくさんの会社が列をなして待っている。ぼくたちがこの世界に入るきっかけとなった仕事は、ジャック・ヴァブル社の広告だった。ヴァブルではチコリ・コーヒーの「シコナ」を売り出したが、契約していた広告会社では業績が振わないので、社長のフランソワ・スティーグと営業部長のミッシェル・シュバスが、特例として競合プレゼンテーションを行なうことにしたのだ。このときの規定は、あらかじめ選ばれた数社がテスト・キャンペーンを行なうという今までの慣例とは異なり、ヴァブル側の担当者が、それぞれの代理店のプレゼンテーターと、まる一日、話し合うというものだった。

質疑応答は、一週間続いた。ぼくたちは必死で、市場や競争相手、会社や過去のキャンペーンなどについて調べていったが、聞かれたのは、ぼくたちのことばかりだった。ぼくたちの野心や失敗、友人や恋人、苦手なもの、得意なもの。こんなことを聞いただけで、どうやって広告会社が選べるのか、ぼくにはよくわからない。ただ今日、シコナが市場で第三位になっていることは確かな事実だ。フランス人の二人に一人はシコナを知っている。将来、シコナはきっとバナニアやネスカフェのように、朝食の代名詞となることだろう。

マス・マーケットの二つ目の足がかりは、逆に落し穴だった。

ペリエグループは四年越しで、すこしずつ、二百近い中小チーズ会社を買収し、プレヴァルというブランド名に統一していった。この根気のいる再統合の仕事にあたったスタッフが、エコール・ポリテクニク出のエイゼルマンとプロクター社のライヤールという一風変ったとりあわせだった。ぼくたちが採用されたのは、おそらく彼らと同じスタンド・プレイヤーだと思われたからだろう。話し合いの中から、基本コンセプトは、「良いものを作るには、時間がかかる」に決まった。コマーシャル・

フィルムは三十秒で、はじめに反芻している牛がアップで映り、ナレーションがこう入る。「牛に、もっと速く反芻させることはできません。プレヴァルも、チーズ作りにじっくり時間をかけます。自然の営みを乱したくないからです」

テスト販売とキャンペーン直後の売上げは上々だった。ぼくたちは、ペリエの社主に呼ばれた。お賞めの言葉を期待して行くと、反対にさんざん批難を浴びせられたあげく、キャンペーンの変更を申し渡された。こちらもCFのインパクトや売上げを提示してなんとか応戦したが、状況はますます悪くなるばかりだった。ぼくたちを弁護してくれたプレヴァルの社長と部長が、即刻、首になってしまった。今では、ふたりはそれぞれ、プレナタル社〔マタニティ用品〕とジャック・ボレル社〔ファスト・フード〕で指揮をとっている。だがぼくたちは、アカウントを失なったまま、行き場がなかった。この手ひどい仕打ちの理由が、あとになってやっとわかった。ペリエの大株主ギュスターヴ・ルバンが、大の牛嫌いだったのだ。ルバンは結局、統合したチーズ会社を、鼻をつまむようにして他に売り渡してしまった。ペリエというのは、まったくあきれた会社だ！

＊

経営不振のせいで、ぼくたちは自信をなくしていた。

人生は、天気のようなもの。ちょっとした空の気まぐれ、小さな雲ひとつで、すっかり明るさが変ってしまう。ぼくたちは、いわば写真のフィルムか、感光板のようなものだ。天気に合せて露出を調節しなければ、撮影は失敗だ。晴れに合せていたぼくたちは、嵐になると手も足もでなかった。判断力が鈍り、このままでいたら成功はおぼつかないように思えた。ぼくたちには後見人が必要だった。ちょうどその頃、ビル・バーンバックが、パリに来ていた。彼は、どうだろう？　アメリカ広告界のバーンバックと言えば、フランスではドゴールのような存在だ。魔法使い対手品師、芸術家対職人、ただし比べられるのはここまで。身長一メートル九七センチのドゴールに対して、バーンバックは、一メートル六〇センチにも満たない。

バーンバックがアメリカで広告会社を設立したのは、一九四九年のことだ。同じ年にデヴィッド・オグルビーも広告会社を設立している。ちょうどアメリカには広告の新時代が訪れていた。バーンバックは、フォルクスワーゲンのアカウントを手に入れ、十年後には、マジソン・アヴェニューに確固たる地位を築いていた。一九五九年にビートルの広告を手がけたとき、DDB社は全米で八十位にすぎなかったが、売上げは五年間で、十二万ドルから三十五万ドルにもなった。彼は、世界中、いろいろなブランドの売出しにかけずり回った。飛行機の中で、ポケットからひっぱり出した封筒に思いついたコピーを書きつけ、売り込み先でまたコピーを思いついて、クライアントをびっくりさせた。

ある朝、バーンバックがその日の六時にぼくたちのところに立寄ると、DDBパリ社のベルナール・ブロシャンが知らせてきた。興奮のせいで、会社の心臓部は動きを止めてしまった。皆、何も言わずに、これから起ることを待ちうけていた。ぼくは、バーンバックが小柄だということは知っていたが、会ってみて驚いた。どうして恋人とヒーローは、いつも大きく見えるのだろうか。背丈の問題ではなく、人間的なスケールの違いなのだ。ぼくの人生の師、ラザレフに会ったときも、やはりこの時と同じだった。バーンバックも、ラザレフのようにいかにもエグゼクティブらしい三つ揃いに身を固め、ピネー風の気どった帽子をかぶっていた。バーンバックが、席についた。スタッフの半数が、おし黙って、テーブルを囲んでいた。まるでローマ法皇が、修道院に若い修道士たちをたずねたようだった。

「まずお話を伺いましょうか」と。バーンバックが、口を開いた。

「そちらからどうぞ」

「いや、私の話はあとからだ。私をクライアントだと思って、あなたの会社を売り込んで下さい」

彼の言い分には、筋が通っていた。話をするとき、まず相手に話させるのが一番の方法だ。ぼくは自分の会社のプレゼンテーションを始めた。彼は、静かな、ほとんど内気ともいえる調子で、犯した過ちの原因がどこにあるのか、はっきりさせていった。この日の経験は、ぼくにとってまたとない広告ビジネスの訓練となった。

バーンバックには神通力が備わっていた。煽動とは言わないまでも、彼の説得力には、即効力があった。彼がささやくような声で、一言発しただけで、一同は、魔法にかけられたように彼にひきつけられてしまうのだ。それからこの広告界の祭司は、儀式にとりかかる。彼は、生徒を愛し、彼らの限界に悩む教師のように、教えを垂れる。バーンバックには、広告に対するひたむきな情熱があった。彼にとって製品とは、誠実なヒーローなのだ。情熱のままに彼の声は高まり、ついに怒りにまで達する。だが、皆が彼の言葉に聞き入っていると感じると、彼はまた長老の寛大さを取り戻す。

彼は絶えず、ニュー・フレッシュ・ウェイという言葉を口にした。つねに新鮮な切り口を発見していくことが、成功への道だというのだ。彼は八時近くになって、やっと腰を上げ、一言こう言った。

「君たちは、ニュー・フレッシュ・ウェイを歩いている。しっかりやりたまえ!」

全員が見送りに出た。別れ際に、コピーライターのジャン＝クロード・ヌッティが、「グッドラック、ビル」と声をかけた。これは、アメリカでベテランが駆け出しを励ます時に言う言葉だ。バーンバックは思わず吹き出した。一週間後に、ニューヨークから一通の電報が届いた。「今週中に来られたし——決算書、持参のこと——仕事の件で話し合いたい／ビル・バーンバック」

アメリカ、アメリカだ。

*

ちょうどその頃、ベルナール・ルーは激しい恋に落ちてしまった。相手の名は、ローレンス。彼はもう夢中だった。単なる言い回しではなく事実として、彼は正常な理性を失なっていた。悲しい酒があるように、彼の恋は悲恋だった。広告界の若き狼が、ピュブリシスの迷える小羊、ローレンスをいつも会社の帰りに待ちうけているという噂が、いたるところに広まっていた。ローレンスの方は、いささか当惑して、うんざりしかけていた。臆病な恋人は、三週間のあいだ立ち続け、仕事までなおざりにするようになった。

ある日、ベルナールが、会議の真っ最中に突然こう言い出した。

「ぼくは、ローレンスを愛している。だがあの人は、人妻だ。もうこんな生活には耐えられない。やめるよ。ぼくの持ち株を買い取ってくれ。南仏へでも引っ込むんだ」

まさに青天の霹靂《へきれき》だった。恋物語ひとつで、会社の幹部を失なうことになろうとは。

「ベルナール、君には別の引退のしかたを考えてほしい」ぼくはこう切り出した。「君の恋人を世界一周に誘うんだ。まず初めにニューヨークへ行って、バーンバックに会う。それからバミューダ、ブラジル、ボラボラ、バリ……ファースト・クラスの旅だ。これほどすばらしい旅はないよ。それにこんな贅沢な旅もだ。旅費は、会社で持つよ」

「ローレンスが承知しないさ。ぼくを愛してはいないんだ」

「だが、彼女だって旅は好きだと思うよ」

結局、次の木曜日、ローレンスはぼくたちといっしょにアメリカ行きの飛行機に乗った。ケネディ空港に着くと、DDB社のイニシャルの入った大きな黒塗りのキャデラックが待っていた。運転手は、滞在中いつでもご用を承りますと言った。小柄で浅黒くて顔の大きなフランス人がキャデラックに乗った姿は、まるで田舎のアル・カポネだ。ぼくたちは、夢心地だったが、どこか滑稽だった。マンガのアステリックスが、いきなりウォール街に現れたような感じなのだ。

DDB社は、マンハッタンの中心部、一九三〇年代に建てられたすばらしいビルの中にあった。社長室までの十階ほどには、それぞれ制作、クリエイティブ、進行、スタイリスト、キャスティング、トラフィック、プロダクション、プロモーション、マーケティング・リサーチ、研究部、メディア……があり、物怖じしないぼくも、さすがに気遅れがした。ぼくたちはまず、社長室の控えの間に通された。四十分も待たされて、しびれを切らし、ぼくはついに社長室のドアを開けた。きっと窓からエンパイヤステートビルが見えるような世界一のオフィスだろうと思っていたのだが、目の前に現れたのは、八メートル四方の小部屋だった。バーンバックがひとり、ありふれた事務机に向って、フォルクスワーゲンの広告を書いていた。広告界の大御所が、六十二歳になった今でも、自らコピーを書いているのだ。仕事を始めて三年もすると、助手に任せきりで、自分はヘッドコピーしか書こうとしないコピーライターに見習わせたいものだ！

ぼくたちは再会を喜び合い、会社の説明をうけ、各階を案内してもらった。その後でビデオを見せてほしいといわれたが、ぼくたちはこれを持って来ていなかった。今度はＤＤＢのスタッフが目を丸くする番だった。アメリカでは、ビデオは名刺がわりなのです。そのビデオを持たずによくこちらに来られましたねえという調子だ。ビデオは、アメリカではとくに重要視されている。ビデオには、今まで製作したフィルムの中から優秀なのを二十本ほど入れておくのだ。映像文化にひたされたアメリカでは、ビデオは会社の存在そのものと言っていい。バーンバックは、自分の会社の作品をぼくたちに見せて、一本ごとに撮影に苦心した点や、モンタージュ、逆転シーンなどのテクニックについて説明してくれた。ぼくとアランは、すっかり感激した。彼の厚意に感謝して、ベルナールも同じ気持ちだろうと思い、ひょいと後ろを振り向いた。

ところが、恥ずかしさのあまり消え入りそうになってしまった。ベルナールは、すやすやと眠っていたのだ。

時差と……恋の心労のせいで。

＊

もし訪問がここで終っていたら、ぼくたちは今ごろアメリカの会社になっていたはずだ。

そのあとで国際部長のエド・ラッセルに引き合わされた。ぼくたちにはそれが、幸いした。ラッセルは、アメリカの退廃したエグゼクティブの典型だった。会社の設立者のひとりである彼は、成功のおかげで手にした権力と、酒に溺れていた。

彼は、朝食の時からシャトー・マルゴーを空け、成功談を得々と語った。夜寝る頃には、十二本目のシャトー・マルゴーを飲みながら、十二回目の成功談をしゃべっていた。彼と週末を過しただけで、ぼくたちはこのアメリカ第一の広告会社と、さらに悪いことにはそのフランス最高級ワインにも、すっかり嫌気がさしてしまった。

月曜日に、ぼくたちはそれぞれ別の飛行機に乗り込んだ。カイザックとぼくはパリへ、ルーとローレンスは、リオデジャネイロ、ボラボラへ……。運命に向って飛び立っていくルーの姿を見ていると、ぼくは戦場に発つ兄を見送っているような気持ちがした。会社設立以来、別れ別れになるのは初めてのことだった。

ぼくは、ひとり取り残されたような気がした。

ボスたちにつぶされてたまるか！ 1974年

本当の悪い天気は、雨の後にやってくる。

——サム・ゴールドウィン

〔メトロ・ゴールドウィン・メイヤー創立者〕

一九七四年は、憂鬱で不安な幕開けだった。寂しさが心に入り込み、ぼくはそれをどう受けとめていいのかわからなかった。いつもはこんなふうではないのだが……。憑かれたように次々と女を替えたり、企画から企画へと飛びうつったが、無意味だった。心のうねりの上をただサーフィンしているだけなのだ。二ヶ月後、この不安の原因がやっとわかった。二月二十三日に、ぼくは四十歳の誕生日をむかえたのだ。行動的な人間というのは、誕生日に不意をつかれる。その日は、まさに喪に服す日だ。ぼくは、夜の蝶たちと同じように、老いることを知らない。年をとるというのは、まさに恐怖だ。ラテン人ならだれでも、こういう感じを抱くものだ。

ラテン人で、しかも広告マンとなると、事態はさらに深刻だ。広告は、ポスターの掲出期間だけのつかの間のコミュニケーション。そのためにわれわれの心理状態は、ますます不安なものになる。速い時間に流されて、前へ前へと進むしかない。われわれが、実生活から離れていくのは、このためだ。他の人たちが精神障害にかかるように、広告マンには、感情障害がおきる。消費にかかわりすぎて、最後には自分まで消耗してしまうのだ。恋愛も、始まったかと思うとすぐに燃えつきてしまう。われわれ広告マンにとって、生きていく上での困難は、愛することの難しさに尽きる。愛にとって大切なのは、愛し続けるということ。だがぼくたちは、去りゆく時の申し子なのだ。その証拠に、ベルナールは、出発の時と同様あわただしく旅の途中で帰ってきてしまった。恋の病がおさまると、今度はホームシックにかかったのだ。ローレンスは、最初の宿泊地リオで、ベルナールの熱意に負け、夫と別れることになった。ルーは、気力を回復し、ローレンスと結ばれて、再び広告の世界に戻ってきた。

だが運命のいたずらか、ぼくたちはまた旅に出ることになった。

モロッコのラバトから、思いがけない電報が届いた。「貴社の応募作品が、我国の観光キャンペーン案として採用されたことをお知らせします。打合せのため、月曜日の十時においで下さい」末尾には観光大臣のサインが入っていた。半年ほど前に、ぼくたちはモロッコ政府がパリの全広告会社を対象に行なった公開コンペに、応募していたのだ。三ページにわたるオリエンテーション・ペーパーが送られてきて、それによると応募者は、市場動向の分析、媒体計画、ラフコンテを提出することになっていた。ただし観光局および観光省は、問い合せにはいっさい応じない。

面接には慣れていたが、文書での応募というのにひかれて、ぼくたちは企画書を出した。勝利の知らせが来ると、ぼくたちはもう有頂天だった。手紙を送っただけで、パリ中の広告会社の中から選ばれたのかと思うと、うれしくてたまらなかった。だが実際は、この手の引き合いには、まともな広告会社ならどこもとり合わなかったのだ。ぼくたちが選ばれたのも、ただそのせいだった。

モロッコの大臣は、若くて活力にあふれ、そのうえ皮肉屋で、およそ回教国の廷臣というイメージからはかけ離れた人物だった。彼は、ぼくたちのアプローチのうまさを認めはしたが、評価は今ひとつだった。彼の言い分には理があった。キャンペーン案のテーマ（モロッコを前面に打ち出したもの）はいいのだが、ぼくたちの使っているアラブの市場やヘビ使いといったありきたりの安っぽい写真では、視覚に訴えるものがないと言うのだ。

観光省の事務所の壁には、ハッサン二世とモロッコの地図が貼ってあった。子どもの頃使った地理の本に載っているような絵地図だ。フェズの市場やザゴラのラクダ、アガディルの漁師、ラバトの宮殿、マラケッシュの並木などが素朴なデッサン画で生き生きと描かれている。地図というよりむしろルポルタージュだ。すばらしい手法ではないか。地図の持つ事実をふまえた強さと、素描の夢の世界が融合しているのだ。

「今まで何ヶ月も探していたものは、壁にかかっているじゃないですか。大臣、これをはずして使いましょう」

「よかろう、はずしたまえ」大臣は答えた。

ぼくたちは気分良く、パリへの帰途についた。だがお祭り気分は、たちまち消しとんだ。パリに着くとすぐ、キャンセルの電報が届いたのだ。大臣が収賄と外為法違反の容疑でつかまったためだった。ぼくたちは二ヶ月待って、もう一度ラバトへ向った。新大臣の在任期間は一週間しか続かなかった。ぼくたちは新大臣と長談判したすえに、やっと承認をとりつけ、運命に弄ばれていることも知らずに仕事を再開した。まもなくして暴動が起り、国王はプールのトイレに身を隠して一命をとりとめたが、新大臣はあえなく銃弾に倒れ、キャンペーン再開の望みも絶たれてしまった。

広告は恋と同じで、けっしてあきらめないことが勝利につながる。ぼくたちは、三たびラバトを訪れた。今度はうまくいった。キャンペーンは、アイルランドの広告と並んで、この分野の最優秀広告と言われた。独立以来、人気のなかったモロッコへの旅がまた流行りだし、サン・トロペに次ぐ人気となった。

だがいつまでも同じ広告内容でいくわけにはいかない。三年続いたせいで、キャンペーン自体のインパクトも弱くなっていたし、メッセージも、もう流行遅れだった。そこでイメージを壊さないように、テーマは変えるが、イラストの一部には地図を残すことを決めた。新しい版ならよかったのだが、ぼくは出版年月日を確かめずに、ラルースからとった地図を掲載した。これがうかつだった。まだタンジールが独立領になっている古い版を使ってしまったのだ。大臣は怒って、すぐさまアカウントを引き上げ、二百万フランの支払いを断ってきた。それでもなんとかジャン＝ジャック・セルヴァン＝シュレベールの口ききで、『テレ・セット・ジュール』誌の部長ジャン・ポニャトウスキーに仲介を頼んで、やっと支払いだけは受けることができた。この救いの手がなければ、ぼくたちは、三度このキャンペーンの犠牲になるところだった。

＊

たった一枚の地図でアカウントを得たが、一枚の地図でそれを失なってしまった。だが、なぜこれほど地図にこだわったのか？　それは、地図が、このキャンペーンの中心的なコンセプトだからだ。地図をすてることは、キャンペーンの土台を失なうのと同じことなのだ。広告の秘訣は、継続性にある。「男らしさとは、忠誠のことである」これは、モラヴィアの至言だ。タバコの広告の中で、大規模でしかも長続きしているのが、マールボロのキャンペーンだ。いつも同じでありながら、どこか違う。たとえば荒野のカウボーイ、川辺のカウボーイ、雪の中のカウボーイ、馬上のカウボーイ、座ったカウボーイ、佇むカウボーイ。このカウボーイが登場するだけで、一千億個のタバコが売れる。イメージを反復するのではなく、再生産するのが広告のアートなのだ。ポール・ヴァレリーの海のように絶えず生まれ変り、偉大な芸術家のように一貫性を持っている。ペルピニャン生まれのマイヨールがいい例だ。

一九三五年のこと、当時の官房長官がマイヨールのもとを訪れて、彫刻を依頼した。「来たる一九三七年の万国博覧会のために、フランスの栄光を称える作品が欲しいのです。我々を導く自由とか、人々の努力、平和、労働、民主主義といったテーマで……。いかがなものでしょうか」マイヨールは、海を眺めていた。そして夢想にひたりながら、こう答えた。「いつものように、きれいな女のお尻でいこう」

＊

広告の仕事というのは、聖地に似ている。破局を迎えても、次の日には奇跡がおこるからだ。モロッコから見捨てられてすぐに、イヴ・ロシェとの取引きが始まった。

イヴ・ロシェというのは、広告の力でのし上がったシンボル的存在だ。彼が二十歳のとき、祖母から、ブルターニュ産の植物を原料とした痔薬の秘伝を授かった。彼は、この薬の広告を地方紙にのせ、はじめて広告の威力というものを知った。それからは賢明にも、収益の半分を研究費に、あとの半分を広告にまわすようにした。彼は、他人の痔のおかげで築いた財産の上に安住するのを嫌い、別のものを求めはじめた。そして秘伝の薬草を、氷遠の女性美のために捧げようと決意したのだ。女性に美を約束することは、もっとも確実な蓄財の方法だ。もっともその約束を守れればの話だが……。

美しさというのは、肌ではなく、心の問題なのだ。きれいだね、と言われるだけで、もう女性は美しく変っていく。「私はクリームを売っているのではない。希望を売っているのだ」とレブロンの創立者、チャールズ・レブソンは言った。イヴ・ロシェは、言うだけではなく、ペンをとり手紙を書いた。無数の潜在ユーザーに対して、無料のサンプル試用をすすめたのだ。おかげで薬草化粧品は、爆発的な売れ行きをみせた。数年後、一介の薬屋だった彼は、大実業家になった。

今でもロシェは、生まれ故郷のラ・ガシリーの町から世界中に、カミツレ草や菩提樹やユリ、サルビアなどから作り出した不思議なクリームを送り出している。原料の植物は、ブルターニュの森にある薬草園からとれたものだ。中世の吟遊詩人ブロセリアンドは、こう歌った。「美しさとは、幸福になる約束のこと」イヴ・ロシェは美しさを栽培し、幸福の収穫が、いま世界中を巡っている。彼は、今では十六世紀のシャトーに住み、王侯のような生活を送っている。もっともタートルネックを着た領主様といったところだが。彼は、億万長者のワーストドレッサーと言われているのだ。それに彼ほど無口な人はいない。ジョルジュ・マルシェ流エレガンスには、クーブ・ド・ミュルヴィル流のだんまりだけが似合うというわけだ。にもかかわらずロシェの受けとるラブレターの数は、アラン・ドロンやジスカール・デスタンより多い。

ということは、ぼくは毎週、月曜の朝、フランスで一番もてる男と会っていたわけだ。しかし彼には色男らしいところはなにもなかった。ウェーブのかかったありふれた髪型、ぽっちゃりとして無気力そうな顔、とろんとした目。いつも三つ揃いを着ていたが、その色ときたら中のチョッキとまったく釣合っていなかった。打合せはいつも、名目上事務所ということになっているフォッシュ通りの豪華なアパルトマンで行なわれた。金の調度品、鏡、シャンデリアなどに囲まれて、ぼくたちは、ダイレクト・メール、キャンペーン、緑の手帖などの計画を練った。緑の手帖というのは、毎年二百万人の女性に送られる美のバイブルのことだ。

イヴ・ロシェは、終始、口を開かなかった。いくら質問しても、目で哀願してもだめなのだ。彼は挨拶だけはしたので、それで耳も口も使えることが、やっとわかるほどだった。ロシェの批評は、いつも翌日、秘書を通じて送られてきたが、これが実に的を射たものだった。彼が話をすることを拒否したので、ぼくはルーやカイザックとも相談した上で、この内気な男を、ブランドのシンボルとして前面に出すことにした。あらゆる広告、コマーシャル・フィルム、ダイレクト・メールに、彼の肖像をつけるのだ。彼の人格崇拝とともに、自然賛歌も加えた。自然の草花のない広告は、すぐにインパクトが衰えるからだ。この広告は、人間と宇宙とを対置した完璧な例となった。

イヴ・ロシェの広告が成功したのは、広告の鉄則を応用したからにほかならない。大衆は、熱烈に個性を求めている。作家や歌手、俳優が好かれるのは、彼らに個性があるからだ。購買行動にも、なぜこれを応用しないのか。不思議なことにメーカーは、他と違う広告を好まない。自動車のキャンペーンなどは、皆そっくりだ。他社と同じようなことしかしないからだ。まさに決まりきった匿名の世界。

ほんのちょっとしたことで、十分効果がある。例えばミュンヘン・オリンピックで、八百メートルのチャンピオンになったウォートル。彼を一度見たら、もう忘れられない。それは、彼がレースに勝ったということよりも、彼がストのときにかぶるような真っ白い帽子をかぶって走ったからだ。観衆やテレビ視聴者の目は、走者の間でひときわ目立つこの小さなトレード・マークに釘づけになった。ウォートルは、帽子ひとつで、歴史に名をとどめたのだ。

＊

イヴ・ロシェの次に、アルチュール・マルタンが続いた。

この大手家電メーカーは、ぼくたちの出したイヴ・ロシェの自然広告にひかれて、マルタンの二つ目の商標、フォールのイメージづくりを依頼してきたのだ。広告というのは、しばしばトローリングを思わせる。これは、ぼくが気に入っているスポーツだ。太陽の下で、波しぶきを浴び、船に揺られながら過す長い一日が、ぼくはたまらなく好きだ。ただじっと当たりを待ち、じりじりしながら果てしない時を過す。突然、糸が震え、リールがうなりをあげて、四、五十キロのスピードで糸が走る。海の一点がにわかに泡立ち、魚が逃げ場を求めて、空しく飛びはねる。至高の瞬間。大物を釣り上げるには、集中力と正確さが必要だ。カジキと釣り人が、空と海の間で繰広げる五分と五分の戦い。生と死の舞踊。大クライアントから広告がとれるかどうかの瀬戸際にも、ぼくは同じような目もくらむ思いにとらわれる。釣り上げられるのは、広告会社なのか、クライアントなのか、それはわからない。ただイヴ・ロシェとアルチュール・マルタンの場合は、釣り人の方が危うく溺れそうだった。

フォールというのは、スーパーの需要のために作り出されたブランドだ。アルチュール・マルタンは、自社の高級品イメージを損わないように、スーパー用には、付属品以外はまったく同じ製品を、会社名を出さずに売り出すことにしていた。この折衷案は、いわば流通業界に神のごとく君臨するスーパーへの捧げ物だった。しかし人夫と同じ音の、無名ブランドを良家の子女にしたてあげるのは、まさにでっちあげというものだ。だがブランドの歴史を調べていくと、うまいことにこの娘の産みの親がわかった。しかもその親というのが、レンジの発明者なのだ。

　一八五四年のこと、アルデンヌ地方の小さな村、ルヴァンに、青年技師とパン屋の娘がいた。青年は娘への熱い想いに身をこがしていたが、娘の方はパンを焼くのに余念がなかった。彼が娘の気をひくために考えついたのが、レンジの開発という一風変ったアイデアだった。当時、レンジはまだ工業化されていなかった。開発は並たいていのことではなかったが、ねばり強く続けたおかげで、彼はついに成功した。パン屋の娘は、そんな若者に心をひかれるようになり、ついに恋に落ちた。それからというもの青年は、大いに力づけられて、小さな工場を買い取り、発明品の大量生産を始めた。こうしてテオドール・フォールとロゼール・ディナンは結ばれた。ふたりは幸せに暮し、たくさんのレンジを作った。

　このレンジのラブ・ストーリーを見つけたぼくは、アルチュール・マルタン社に、コマーシャル・フィルムのキャンペーンを提案した。一作目には、ずばぬけて才能のある監督が欲しかった。その頃ぼくは、ジャン＝クロード・ブリアリの処女作を見て、彼の慎しみ深い作風に好感を寄せていた。そこで彼に、このレンジがとりもつラブ＝ストーリーの演出を頼むことにした。ジャン＝クロードは、今まで一度も広告フィルムを手がけたことがなかったのだが、なんとか説得に応じてくれた。彼は準備に二ヶ月、撮影に四日かけた。その間、ぼくは、彼のやさしさ、感受性、妥協を拒む態度、熱意、粘り強さに接することができた。それは、今までの彼の人物像とはまったく逆のものだった。六十秒のコマーシャル・フィルムのために、二ヶ月と四日も費やすなど、今までのムービーの常識では考えられないことだった。だがうれしいことに、成功はしばしば、慣例を打破ることによって生まれる。

できあがったフィルムは喝采を受け、このブランドの知名率は、四十パーセントにまではね上がった。

今度は、ぼくがクライアントから称賛を浴びる番だった。

この成功の上に立って、もう一度同じキャンペーンを繰り返すべきだった。経験から、そのことはわかっていた。だが若さというのは、待つことを知らない。そしてぼくはまだ若かった。

ぼくは、息もつかずに二本目のCF製作を開始した。今度は、エドアール・モリナーロに彼のタッチで撮ってくれるよう頼んだ。同じシナリオを、毎年違うディレクターで撮るのが、ぼくの計画だった。たとえばセルジオ・レオーネでウェスタン調、メル・ブルックスでドタバタ喜劇風、フェリーニでラテン調というぐあいだ。

モリナーロは、ブリアリとは対照的だった。一方は情熱的で、もう一方は理性的。ブリアリはやさしく、モリナーロはそっけない。ブリアリは情熱のおもむくまま、モリナーロは感情を抑えた仕事ぶりだった。共通していたことは、ふたりとも本物の腕とプロ意識を持っていたことだ。モリナーロは、テオドールとロゼールの物語から、オッフェンバッハのオペラを連想し、フランス風ミュージカル・コメディーを計画した。これはフランスの広告では、はじめての試みだった。彼は、この計画にすっかり乗り気になり、脚本からテーマ曲選び、大団円で踊るダンサーまで自分で決め、一ヶ月のあいだリハーサルを続けた。

製作は、大がかりなものになった。装置だけで十二万フランかかり、最終的にはたった六十秒のフィルムに、五十万フラン近い出費がかかった。フィルムは、全篇、歌と踊りで、なかばオペレッタ、なかばブロードウェイ・ミュージカルといったところだった。だが音質の悪いテープを使ったために、せっかくの魅力は、台無し。フィルムはその年の最大の失敗作となり果てた。
こうして最初で最後のミュージカル・コメディーは、一転して悲劇となってしまった。

*

広告会社の毎日は、短篇小説のようだ。ひとつが終って、悲しみにひたっていたかと思うと、すぐに次のが始まり、新しい冒険に夢中になって、前の不幸などいっぺんに忘れてしまう。

ある朝、ぼくとカイザックのところに、ポリテクニク〔理工科学校〕出身の青年がやってきた。彼はジスカール・デスタンの秀でた額、マルローの燃えるまなざし、シラクの骨ばつた体つきをしていた。

「私は、ブルーノ・プティといいます。私には途方もない夢があるんです。それは我社を十年後には、一般向け住宅では業界第一位にするということです。競争相手のフェニックス社やバランシー社には莫大な資金がありますが、私には仕事への熱意と四十万フランしかありません。大きな広告会社へ行くように勧められましたが、私はここに来ました。おたくは、うちと同じように小さいし資金もない。だがのし上がろうという野心がある。そうでしょう」

ブルーノ・プティの会社は、ＭＩＦ（フランス個人住宅）という名だった。カイザックは、まず手始めに社名変更を勧めた。ＭＩＦは、ブルーノ・プティ社に変った。

「フランス人は、家を買うとき、売り手が誰だか知りたがるものです。製品に自分の名前をつけるのは、信用を得る最良の方法なんですよ」

次にこういうキャンペーンを打出した。「我社は、あなたのお住いを、指定の価格で、指定の日までに、お建てします」商標には、ブルーノ・プティ自身のサインを使った。広告、ポスター、工事現場の看板などすべてに、このサインを用いるようにした。これと平行して、ブルーノ・プテイは、画期的な設計による住宅の新シリーズを発表した。企画はまたたく間に成功をおさめ、利益は全額、広告費にまわされた。

一九八〇年の広告費は、二千万フランに達する見込みだが、これは、一九七四年の五十倍にあたる。そのうえ彼は大金を投じるだけでは満足せず、自ら積極的に広告にかかわってきた。フランスで初めて、二枚のポスターを並べる比較広告を出したのは、ほかでもないこのブルーノ・プティだった。「悪質業者にご用心——確かな会社をお選び下さい」業者に対する批判と、ユーザーへの思いやりが感じられるポジショニングだ。

また彼は、意見広告の生みの親でもあった。この年に行なわれた大統領選で、投票まであと数週間というとき、保守派陣営には敗色が濃かった。彼は、大衆を目覚めさせるために、ためらうことなく広告費を投じた。ぼくとアランが作った広告は、のちのちの語り草になるほどのものだった。『ル・フィガロ』紙と『ル・マタン』紙は一ページにわたり、『ニュースマガジン』誌は二ページ見開きで、保守派陣営の奮起を求める檄文をのせたのだ。このフランソワ・ミッテランへの公開書簡は、「左派政権に立ち向う経営者。私は闘う」というもの。「もし政権がかわっても、敗北にうちひしがれたり、あきらめたりする者はいないでしょう。あなたの住宅政策は信頼できません。だから全力をあげて、私は闘います……」と、ブルーノ・プティは、野党のリーダーに向けて書いた。

フランス人の経営者が、広告を通じて大衆の意識を目覚めさせようとしたのは、これが初めてだった。奇妙なことに、『ル・モンド』は広告掲載を断ってきた。だが『ル・マタン』はこれを受け入れた。この広告は、多くの反響を巻き起した。何百通もの激励の手紙がブルーノ・プティのもとに届き、CNPF（フランス経営者全国評議会）は、彼を支援した。新聞、テレビ、ラジオなどは、討論の場を提供した。彼は、三ヶ月で時の人になった。しかもかかった費用は、たったの十二万フランだった。

ブルーノ・プティは、大企業に成長した。五年で、フランスの業界で第三位にまでなったのだ。業界第一位の望みをとげるには、十年のうちまだ五年が残っている。

彼の夢が、はたしてとてつもない野望のままで終るかどうか？

＊

マス・メディアというのは、文化的なフィルターだ。情報伝達の手段としてばかりでなく、メディアそのものの社会学的、心理学的リズムも同時に伝える。つまりニュースを変形するお化け鏡なのだ。だから広告マンは、それぞれメディアの限界を十分にこころえておく必要がある。さもないと鏡のワナにはまってしまう。テレビは見せ、映画は証明する。ラジオは行動を起させ、新聞は思考を促し、ポスターは結晶させる。

ポスターに盛り込まれたメッセージは、文化的状況の中に置かれる。人はポスターを貼るのではなく、自分自身を貼り出すのだ。ポスターは、ブランドの公開討論であり、壁に書かれた言葉なのだ。都市はコミュニケーションの砂漠と化し、その状況は視覚的害毒によってますます深刻になっている。そうした中でブレーズ・センドラ〔一八八七～一九六一、フランスの詩人、小脱家〕の言うように、「ポスターは、街の演出家」の役割を果している。ポスターというのは、公共のショーウィンドウ、大衆のスピーカーであり、あらゆるメディアのなかで、ただひとつマス・メディアの名にふさわしい媒体なのだ。他の媒体は、個人所有の受信機にすぎない。テレビや映画でさえそうだ。世界から切り離され、孤立したかたちで、情報は直接受け手の目に入る。

雑誌というのは、いわば灯台だ。ライフ・スタイルに変化をおこし、改革することができる。雑誌は、時代を先取りする。だから一歩進んだ製品の広告には、他のどの媒体より適している。ゆっくりと物事を変革していくからだ。雑誌は進歩主義だが、表向きの保守主義を否定しない。

印刷媒体は、冷静な受けとめ方をされるが、映画は、熱い反響を巻き起す。心を奪い、ゆさぶり、笑わせたかと思うとすぐに泣かせる。まさに白日夢の巨匠だ。映画は、空間そのものを作り出し、雑誌の固定したイメージとは反対に、動きを創造する。映画が魔術師だとしたら、印刷媒体はレアリストで衒学者《げんがくしゃ》、そして文化の殿堂でもある。つまり書き言葉は、教育の使命を持っているのだ。映画は娯楽を提供していればいい。雑誌が作家の仕事だとしたら、映画は詩人の仕事といえるだろう。

テレビは、カメラマンだ。生のニュースを真っ先にとり上げ、ドラマチックに盛り上げたり、反対に混乱を作り出したりする。新しいもの、大イベントのためのメディアなのだ。だがおもしろいことに、これはまた日常性のメディアでもある。テレビは、日常のおしゃべりであり、いつも家に招いて食事をともにする友でもある。外出のかわりになり、ときにはベッドにまで持ち込んで見る。だから逆にテレビ・コマーシャルは、目新しくはないが、どの家庭でも親しまれている安心感のある商品に適している。

ラジオは、レポーターだ。いつも、テレビ、新聞をひきはなして、一番乗りのニュースを報じる。だがラジオは、いくら努力しても報道だけで、ほんとうの分析まではいかない。ニュースを流すだけで、解説はしないのだ。瞬間のメディアで、即時購入に結びつき、即効力はあるが、持続力はない。だから販売には最適で、数字を伝えるのにはこれ以上のものはない。だが、まとまった内容を伝えることは難しい。

*

出来損ないのフィルムのことは、早く忘れてしまうにかぎる。

映画もコマーシャル・フィルムも、失敗作は忘れ去られ、成功した作品だけが記憶に残る。だから失敗したら、できるだけ早く次の作品を作ることだ。映画の世界では、テーマの新しさが成功の鍵を握っている。そこでぼくは、今までだれも取り組まなかったテーマに挑戦することにした。住宅広告のCFだ。

ミッシェル・モーエの会社、コジェディムのCF制作にあたって、ぼくは、フランソワ・レーシェンハッハに監督を依頼した。モーエは、例の地獄に落ちた不動産を出迎えた聖ペテロを心から崇拝している男だ。CFに関しては、レーシェンバッハが最適任者だった。彼は、彼のことを表面的と評したあるジャーナリストに答えてこう言っている。「ピカソの引いた一本の線には、世界中の美術品に匹敵する値うちがあるのです。たった一本の線でも、本質に迫れるということです。わたしは、つねにそこまで行きます。本質さえつかみとれば、あとはどうでもいい。本質というのは瞬間のものです。

直観や即興の中に存在するのです。なによりもまずこのわたしが生きているということなんですよ」

レーシェンバッハは、建築に生命を吹き込んだ。バッハやベートーヴェン、マーラー、ショパン、モーツアルトのメドレーをバックに、イメージのシンフォニーを作り上げたのだ。フィルムは、記録的なインパクトを達成し、コジェディムは、一躍、有名企業になった。

それから、レーシェンバッハとは何度もいっしょに仕事をしたが、いつも快調な仕事ぶりだった。彼は、なんにでも興味を持ち、世界中をかけ回り、仕事を次々にこなし、道ならぬ恋をした。ぼくに時間の使い方を教えてくれたのも彼だ。風、波、微笑み、まなざし、一瞬の動きを捉えることにかけて、彼におよぶ者はいない。

この瞬間の芸術が、広告なのだ。広告は、「その日のうちに摘みとる」もので、毎日が新しい一日だ。広告が表面的なものになり、広告マンたちがただ一瞬だけを信じるのは、そのせいだろう。人が無に対して感じるめまいを、ぼくは表面的なものに対して感じる。広告は、ぼくの心をひきつけ、魅了し、満ちたりた気持ちにしてくれる。広告というのは、磁石だ。だからこそぼくは、広告が好きなのだ。

*

だがその頃、この磁石は、ぼくを寄せつけなかった。一九七四年の暮れは、まさにこの世の終りだった。ぼくたちは、次々にアカウントを失なった。プレヴァル、モロッコ政府、「ペンキ協会」、家具のロゼ、靴のアンドレ、ラングドック・ルション……しめて千五百万フラン、数週間のうちに、年間売り上げの四分の一を失なったのだ。明白な理由も、仕事上のミスもなかった。それどころかキャンペーンは成功していたし、ぼくたちには十分実力があった。会社の創世紀に、ぼくほど仕事に身も心も捧げた広告マンはいないだろう。キャンペーンのためには、夜昼惜しまず働き、喜びも悲しみも皆、これらのキャンペーンとともにあった。ポスターの掲出場所を確認しに、フランス中を隅から隅まで駆け回り、ちょっとしたレイアウトでも、もっと効果的なものはないかと、十回もやり直した。コピーを一語一語、書き改め、印刷の質を高めるために、印刷所まで出かけていった。いたるところで第一線に立ち、発注先の業者たちのミスをチェックし、クライアントの要求に応えるために奮闘した。その間に広告界のお偉方たちは、快適なオフィスに陣どって、電話一本で我社の仕事をかっさらっていったのだ。ぼくが製版工に会っているとき、彼らは大臣を接待していた。ぼくが田舎で悪戦苦闘しているとき、彼らは都会でディナーだ。ぼくは身を捧げ、それを彼らは取り上げた。

ぼくたちも、クリエィティブから経営者に転身する潮時だった。将来の道は、はっきりしていた。会社を大きくするか、つぶれるか、二つにひとつだ。広告界のボスたちに、決闘を挑む時が来た。そうでもしなければ、ぼくたちはいつまでたってもオープン戦しかできない。人に使われるか、自ら生きる術を身につけるか、選ぶべき時が来たのだ。

「きのう、未来はもっと美しかったのに……」とギイ・ベアールは歌った。

時は十二月、人生の冬だった。

いまや決断の時がきた

1975年

あなた方が、今日、私に対してしたことを、神がお許し下さるように。

——ヨハネ・パウロ一世

法皇に選ばれた日、枢機卿たちに向って

一九七五年は、混迷の霧の中で始まった。

ぼくとベルナール、アランは、敗残者たちが身を寄せる、絶望といううつろな家の扉を叩こうとしていた。この五年間、無我夢中で戦ってきたが、結局ぼくたちは、弱小広告会社のゲットーから抜け出すことができなかった。

だがぼくは、「魚座」の生まれ。魚は、生き抜く力のシンボルだ。魚というのは、万事休すとなると、抵抗をやめ、あお向けに浮き上がって、死んだふりをする。だが死を待っているのではない、最後のチャンスを待っているのだ。おなかをしばらく撫でられるだけで、魚は力を取り戻し、また元気になる。極北の湖で、エスキモーのガイドたちは、こんなふうにしてサケに力を与えてやる。

ぼく自身、まさに息も絶え絶えだった。ぼくは、あお向けになって、天の助けを待っていた。常識では、人は自分の情熱によって身を滅ぼすことになっているが、ぼくの場合は反対だ。いつも情熱が救ってくれる。ぼくは旅への情熱からジャーナリストになり、釣りにかける情熱のために、生涯、広告に身を捧げることになった。

父は年に一度必ず、ぼくを連れて、世界の果てまで釣りに行く。この習わしは、ぼくが十歳のときからずっと続いているものだ。父は、ぼくに奥地の人の行かない釣り場を教えてくれる。そんなところで、二週間ほど過すのだ。日常生活から何千キロと離れた見知らぬ川岸を上るぼくたちと行動をともにするのは、母だけだ。父とぼくとは、まったく言葉を交さない。ふたりとも無言のままだ。だがぼくたちには、特別なコミュニケーションがあった。二つ並んだ釣糸が、電話線のように二人の考えを伝えてくれるのだ。父の教育は、あのときに行なわれたのにちがいない。実際、父は、ぼくに助言ひとつ与えてくれたことがない。だが釣りを通して、人生の意味を教えてくれたのだ。

*

新年早々ぼくたちはオルリー空港にいた。目的地のパミールは、中国、ソ連、インドにはさまれたアフガニスタンの三角地帯だ。このヒマラヤ山麓に入るのを許可されたのは、西洋人ではぼくたちが初めてだった。飛行機の出発が遅れたので、ぼくは、出発前の最後の電話を入れた。まさにその電話が、ぼくの人生を変えることになった。

ぼくは、サラ・ムーンに写真を依頼していた。サラは、キャシャレルのファッションを実に生き生きと撮ったすばらしい写真家だ。彼女と最後の詰めをしておこうと思ったのだが、電話口に出たのは、デルピールだった。ぼくのグラフィックの先生は、サラといっしょに暮していたのだ。デルピールは、どちらかと言えば寡黙な男だった。しかし彼のところに二年間いたおかげで、ぼくは、彼の気分を見抜くことができた。あのときの彼の沈黙には、倦怠感がにじみ出ていた。

「どうですか、デルピールさん?」

「さえないねえ。広告は、もううんざりだよ。新鮮な空気を吸いたいなあ。仕事が重荷で、身動きができないんだ。もうやりたいことが、できなくなってしまってね。君は知り合いが多いから、ぼくの会社の買い手でも見つけてくれないかい」

元の雇い主から会社を売りたいなどと言われると、さすがにぼくも考え込んでしまい、そのまま待合室に戻っていった。アナウンスと甘ったるいチャイムが絶えず響き、かたわらには釣り竿、父が何度目かのジェームス・ハドリー・チェイスをまた読んでいる。そんな場所で、ぼくは重大な決心をした。

ぼくたちが、買えばいいじゃないか。

塔乗まであとわずかだった。ぼくは、ルーに電話を入れた。彼のいいところは、飲み込みが早いことだ。われわれの協力関係は、その察しの良さで成り立っている。コンビを組んでいるおかげで、ふたりの力は倍増するのだ。数分後、ぼくはカーブルに向けて飛び立った。そして二週間後、帰国して仕事に戻ったときには、すでにデルピールとの交渉は大幅に進んでいた。

天が、ぼくのおなかを撫でてくれたのだ。

*

デルピールを相手に金の相談をするのは、共産主義者と神について話すようなもの、つまり不可能ということだ。彼にとって、金はタブーであり、またお守りでもあった。彼の中には、レオナルド・ダ・ヴィンチと、詐欺師のスタヴィスキーが同居している。彼は、ぜったいに正面から話をしない。だから言葉の裏にあるものを読みとって、それとなく答えなければならない。この交渉に、ベルナールは驚くべき手腕を発揮した。契約は、希望通りに結べそうだった。

ちょうど契約を結ぼうとした頃、再び運命の電話が鳴った。なんとベルナール・ブロシャンからの電話だった。彼は、カイザックをぼくとルーに引合せてくれた人物だ。以前はＤＤＢ社の若手として活躍していたが、今ではアバス社の頂上に君臨している。反乱軍から一国の首相へ。ブロシャンはまさに広告界のイッサン・アブレ〔チャドのテロリストから大統領にまでなった男〕というところだろう。

野党の人間が、体制側から誘いを受けると、はじめは得意満面になるが、そのうちこれはワナではないかと疑い始める。ぼくたちも、警戒しながら、ブロシャンの招きに応じることにした。ヘミングウェイがハンターだったように、ブロシャンは、広告界の人面獅子だ。彼は、がっしりして上背があり、肌はまるでトルコの街頭で見かけるレスラーのような乳色だった。彼にはライオンの気高さ、静かな力が備っている。だがひとたび領土を侵す者があれば、たちまちキバをむき出して、相手を倒してしまう。このライオンは、人間狩りをしていた。ブロシャンは、まるで肉食獣のように、全神経を集中して獲物に近づき、じっと息を殺し、一瞬のうちに飛びかかる。ふつう、人は勝利に酔うものだが、彼はまったく別だった。その日の獲物——新しいアカウント——を持って帰るとき、彼には群れの長としてのおだやかさと保護者としての威厳が現れる。誰もが彼の成功に目を見張るが、失敗はすぐに忘れてしまう。他では、そんな広告マンにお目にかかれないだろう。たいていのクライアントは、ブロシャンとものの十分も差し向いで話をすると、どうしても彼に仕事を任せたくなってしまうのだ。

彼のどこがそんなに尊敬の念を呼び起すのか、ぼくはずっと考え続けていた。ある日、ジョン・トラボルタのプロデューサー、ロバート・スティグウッドのインタヴューを偶然耳にした。『私がトラボルタを選んだのは、彼がハンサムだからとか、踊りがうまいからではないんです。それはどんな女性でも、たちまち心を許してしまう魅力があるからなんですよ……』

よくよく眺めてみると、トラボルタとブロシャンには、ひとつだけ共通点があった。一瞬のうちに人を魅了してしまう独特の微笑みだ。

ベルナール・ブロシャンが、一見にこやかに、ぼくとカイザックを迎えたことは言うまでもない。ヴィクトル・ユーゴー通りの豪華なアパルトマンのドアを、ブロシャンが自ら開けて、ぼくたちを冒険へと招き入れた。ぼくたちを招いたのは、実はブロシャンのボス、ジャック・ドゥースだった。ぼくは、彼のことを銀髪で眼光の鋭い現代の騎士だと、想い描いていた。しかし突然目の前に現れたドゥースは、でっぷりと太って、うすい髪をチックでなでつけた、ずるそうな小市民にしか見えなかった。だがこの第一印象は、ドゥースと目が合ったとたんにたちまち崩れてしまった。眉根のしわひとつに、これほどの知性と自信を感じさせる人物がいるだろうか。

人生は、出会いがあるからこそ、生きる価値がある。出会った瞬間に、時は止まり、発見が始まる。そのときはまだ知るべくもなかったが、ジャック・ドゥースとの出会いは、ぼくの人生の中でも、もっとも波乱に満ちたものだったのである。彼は、ぼくたちをうまく乗せるつもりだったのだ。だが結果的には、ぼくたちは彼のおかげで大洋に乗り出すことになった。ドゥースとの出会いは、甘く、そしてほろ苦いものだった。

ぼくは、のっけから彼に食ってかかった。紹介されるやいなや、ケンカをふっかけた。握手を交した相手は、この家の主人などではない。ぼくの血と汗がしみついたラングドック・ルションのアカウントを、電話一本で奪い取った敵なのだ。ぼくは、一気にまくしたてた。

「あなたは強盗ですよ。なんでこんなに大企業の権力を振り回すのか、説明してもらいましょう」

「セゲラ君、率直に答えてくれないか。もし君が私のように、二十年このかた会社のために働いてきたおかげで、今では電話一本で新しいアカウントがとれるようになったとしたら、君ならどう考えるかね」

ジャック・ドゥースは、タレイランを一回りずるくしたような男だった。実にみごとに答を質問にすりかえてしまうのだ。

それに、彼は強引なナポレオンでもあった。彼は前置きなしで、いきなり本題に入ってきた。彼がこの提案を口にしたとき、まだポタージュさえも済んでいなかった。

「こちらのアバス・グループには、年商六千万フランの会社がある。いい仕事をしているし、スタッフもなかなかのものだ。そして君は、年商一億フランの会社を持っている。これもいい仕事をしているし、スタッフもかなりのものだよ。この二社を一緒にして、広告界では一たす一は二でなく、四になるというのを証明してみせるというのはどうかね」

彼の意図は、はっきりしていた。企業としての力を増し、経費を節減する。大企業の実力と若手の創造性、金の力と冒険心を結び合わせようというのだ。ひとくせありそうな神聖同盟だ。右の実力と左のクリエイティビティで、中道の大広告会社を作る。けっこうな共同綱領だ。

しかし、取引き条件の方は、公正だった。ジャック・ドゥースは、彼の会社AOGをぼくたちに譲り、その見返りにぼくたちの会社RSCの株の二十五パーセントを手に入れるというものだ。話はすべて終った。あとはお互いに相手をほめ合い、他の広告会社の欠点をあげつらうことぐらいだった。

ぼくはそっと、この市民ケーンのような男を観察した。まさにオーソン・ウェルズの焼き直しだ。善人なのか、悪人なのか、まったくわからない。これは『シャンハイの女』では、鏡の中でイメージを増幅していく魅惑的な力であり、『第三の男』では。迷路にひきこもうとする悪の力だ。だがこの怪物ミノタウロスは、ファルスタッフ的道化でもあった。豪快で、生きることに貪欲で、実に気前がいい。彼はビジネスマンだが、食卓の楽しみもこよなく愛していた。

彼の容貌は、二流映画の悪役とテノール歌手の間をさ迷っているような感じだ。若い頃のオーソン・ウェルズそっくりの童顔で、どう見ても広告界の大物というよりは肉屋の小僧だ。彼の行動は、いつも二面的だった。外見と中身の違いが、ジャック・ドゥースの一番の切り札なのだ。どんな人でも、彼の磁石にひきつけられると、もう逃げられない。彼の威圧的な態度や傲慢さ、押しの強さの中には、やさしさとユーモアが混り、それが男も女も、敵も味方も、取引先も商売敵も、皆とりこにしていしまう。ジャック・ドゥースは、伝説では、まさにたたきあげの男ということになっている。彼は今でこそ社長だが、三十年前に入った時はただの使い走りだったというのだ。もっとも伝説というのは、銀行と同じで、すでに功なり名とげた人にしかついて回らない。彼が立志伝中の人物であるということで、さらにたたきあげの男のイメージが加わったのだろう。彼がここまでになった原動力は、生き抜こうとする意志だった。そう、彼は、まさしく意志の人だった。その晩、別れの挨拶がわりに、ぼくはこうたずねた。

「なぜぼくたちを選んだのですか?」

彼は、毅然としてこう答えた。

「君たちは、手強い相手だ。それに、わたしは困難なことが好きなんだよ。岐路に立ったとき、わたしはいつも難しい方を選んできた。多分、わたしの気性が激しいせいだろう。良薬は口に苦しと言うだろう。いいことをするために苦労をすれば、結果はさらによくなるということさ」

ジャック・ドゥースは、根は優しい男だった。だがビジネスの世界では、彼はいささか悪役を演じすぎていた。

＊

それからひと月のあいだ、ぼくはずっとヴィクトル・ユーゴー通りに通っていたような気がする。だが実際に行ったのは、四、五回にすぎなかった。そこへ行くたびになにかしら新しい驚きがあった。

「わたしが今までに会った中で、一番できる男は、誰だったと思うかね？」ある晩、ドゥースが、こう言った。「エルネスト・ディッシャー、アメリカのモチベーション・リサーチの第一人者だよ。わたしは彼の本を読んで、すっかり感激して、パリに来て講演してくれるように頼んだんだ。彼は、一財産作れるほどの金額を要求してきたよ。彼がやって来ると、スタッフ全員を集めて、紹介をすませ、彼の名講義が始まるのを待っていた。だがディッシャーは、いっこうに話を始めないんだ。あっけにとられているわたしたちの前に、彼は六枚のありふれた植木鉢の写真を並べた。一枚目のは正面から撮ったもので、二枚目のは横から、三枚目のは上からだが、これは大写しで、めしべとおしべしか見えない。四枚目のは下から撮ったもので、葉の裏側が写っている。五枚目は、レンガ色の鉢の部分だけ。六枚目は、植物の緑だけだった。ディッシャーはこう言った。『これから客観性ということについてお話しします。これらの写真はそれぞれ、同じ植木鉢を写したものです。だがほんとうに同じものでしょうか。客観性といっても、結局、どこにカメラを置くかで決まってしまうのです』これだけ話すとエルネスト・ディッシャーは、その晩の飛行機で、さっさとアメリカへ帰ってしまった。しかし、わたしは、彼を呼んだのが無駄だったとは決して思わなかった。彼の講義には、わざわざ遠くから来てもらうだけの値打ちがあったのだよ」

ジャック・ドゥースは、決断の時を引き延ばしていた。まるで情熱的な愛人のことを思うように、いつも考え続けていたのだ。会うたびに、少しずつぼくは彼にひかれていった。世間には女好きの男がいるが、ぼくは男に惚れっぽいのだ。仕事の上では、男の魅力にすぐまいってしまう。ぼくの判断ミスは、ここにすべて原因がある。ぼくは、仕事の上でのホモ・セクシュアルなのだ。だから男に対しては情熱を燃やし、嫉妬にとらわれ、独占欲にかられ、はしゃぎまわったり、狂信的になったりする。ただ幸いなことに、ぼくの男好きは、仕事の分野だけに限られている。この点はきちんとけじめをつけているから、行き過ぎることはない。

ぼくたちは、ドゥースにデルピールとの交渉の件を話した。彼は、メリットのことしか考えていなかった。一たす一たす一は、六になるというのだ。そしてついに合意書にサインする時がやってきた。だがルーとカイザックは、まだためらっているようだった。リヨン生まれのルーは、自分より大食漢の男と同席するのを嫌がり、ロゼールの農家出身のカイザックは、土地の娘以外とは、ベッドをともにしたがらない様子だった。だが善良なるカタロニア人のぼくは、情熱があった。ぼくは、二人の共同経営者を説き伏せた。しかし熱心に合併を勧めはしたものの、ぼくも内心不安だった。会社の株の二十五パーセントを手放すということは、独立の四分の一を放棄することだ。そして大企業と結びつくことは、いつか大企業の独占をくつがえすという野望を捨てることに他ならない。そのかわりぼくたちは、フランス第二位の広告会社になる。大企業の支配する体制の中に、堂々と入っていけるのだ。運を天にまかせて、ぼくたちはついに署名した。

幸いなことに、神は存在していた。神の御手が伸びたのだ。合併には、デルピール、AOG、RSCそれぞれ三社のクライアントの同意が必要だった。ぼくたちは了解をとりつけるために、クライアントに説明して回った。最初のうちは順調だった。ところが大手のクライアントが、絶対に認めないと言い出したのだ。これでぼくたちの野望は、つまずいた。さらにデルピール社最大のクライアントが、急な動きを警戒して、月曜までにこの合併を拒否するようにとデルピール社に通告してきた。さもなければ今までのレギュラーのアカウントを、急迩、競合プレゼンテーションにかけるというのだ。

これが金曜の夜だった。

フランス第二の広告会社になるという夢は、真夜の夜の夢と消えた。ゴールを目前にして、あきらめなければならないとは。何ケ月も必死の努力をして、悪天候のために登頂を断念せざるをえない登山隊の心境だった。最後の晴れ間をどこに見出すか、どうやって最後の栄光をかちとるか？

悩みに悩んだ末に、ぼくたちはヴィクトル・ユーゴー通りに向った。ジャック・ドゥースに、この合併は不可能になったと報告するためだ。合併に反対している全体の三分の一のクライアントから同意を得ないかぎり、会社はやっていけない。

その晩のジャック・ドゥースは、これまでになくやつれて見えた。まさにローズバッドの橇《そり》に、過ぎ去った子供時代の面影を見ている市民ケーンだった。だが彼はすぐに気をとり直し、やがて新聞王となりマスコミの流れを変えていくケーンになった。彼は、眉根にしわを寄せて、こう言った。「負けちゃいられないな。うん、ひとつ考えがある。君たちに私のＡＯＧを売ろう。支払いは、五年間で済ませてくれればいい。少し苦しいだろうがね。もし君たちが払いきれなければ、その時は私が買い戻す。これでどうかね」

この一言で、ジャック・ドゥースは、ぼくたちに力と勝利と、そして最高の贈物、自由を与えてくれた。口さがない連中は、ドゥースは必ず元をとるだろうと噂した。ぼくたちがデルピールとＡＯＧへの未払金を負いきれないとふんで、いったんは手綱を放し、後でもっときつく締めあげるのが彼の腹だと言うのだ。

だがぼくは、こんな中傷は絶対に信じなかった。人生とは、もっと美しいものなのだ。

＊

ぼくたちは、一晩のうちに、今までの二一倍の規模を持つ広告会社のトップに立つことになった。いたるところで業務拡大によるひずみがおきていた。新しいクライアントを三十社もかかえ、取引業者は百を超えた。まったく大変だった。幸い、ぼくたちは三人でこの事態にあたることができた。このときほど助け合い、お互いに協力し合ったことはなかった。連携プレーによって発揮された力は、三倍どころか、三乗にもなった。ぼくたちは、猛然と仕事にタックルしていった。子供の頃、ペルピニャンのラクビー場で『カタロニア人最後の十五分』と呼んでいた気迫を、ぼくは思い出した。試合中に実力以上の力を出し、自分をどんどん大きくしていくのだ。

ぼくたちは、一日に十六時間闘った。アカウントを獲得し、権限を行使し、スタッフを掌握していった。スクラムを組み、展開し、ダッシュして敵を振り切り、フェイントをかけ、パスを出し、トライをきめた。試合が終るころ、ぼくたちには勝利の実感があった。だがもうひとつの戦いが残っていた。ベルナール・ルーは、デルピール社の帳簿に、ずっとかかりきっていた。最終的な結論を出す前に、自分ですべてを確認しておこうとしたのだ。彼を一流の経理マンにしたのは、この自分の目しか信じないという信念だった。その結果、デルピール社の経営状態は、見かけ倒しで、デルピール自身が把握しているのとは相当食い違うことがわかった。不当な繰越しや帳簿の操作のせいで、実はこの会社は、破産寸前だったのだ。紛飾は三年も前からで、状況をたて直すにはもう遅すぎた。デルピールは、営業を停止して、破産宣言をすべきだったのだ。ぼくたちは、あやうく破産した会社を買いとって、共倒れになるところだった。またしても大勝利を祝ったとたんに、これまでの六年間の苦労は、水の泡になってしまった。まるで表彰台に上がった直後に、失格になってしまったチャンピオン。栄光に包まれた一文無しだった。だがこの最悪の状況が、かえってぼくたちをふるいたたせた。「勝利の代用など存在しない」第二次大戦の局面が悪化したときに、マッカーサーが言ったことばだ。ぼくたちは、不可能に挑戦した。デルピール社の代理経営を、破産管財人に申し出たのだ。クライアントにも承諾を得なければならなかったが、幸いにも了承をとりつけることができた。これだけのことができたのは、地方の支店網があったからこそだった。三年にわたる努力と投資が、ここでやっと報われた。

道は、また開けたのだ。

＊

ついに合併が決まり、ぼくたちはトンネルを抜出たような気持ちがした。実際、この数ヶ月というもの、闇の中いるようだった。

ＡＯＧのスタッフとの初顔合せは、まるでぼくたちが人質をとりに行ったような印象を与えてしまった。ぼくたちは、誠意を見せるつもりで、こちらからＡＯＧに出向いていった。十月半ば、澄んだ空気と紅葉の美しい午後。まるでパリが、うっとおしかった夏の償いに、敷石の間からひっぱり出してくれたような日だった。しかしぼくたちは、知らないうちに、虎口に飛び込んでしまったのだ。ＡＯＧの五十人ほどの新メンバーは、ぼくたちが首切りに来たと思い込んでいた。この会見が、うまくいくはずがない。対決の場は、売却された会社の映写室だった。細長くて、窓ひとつない、陰気な部屋だ。顔見せは、まず気の抜けたまずいカクテルとドライ・マティニ、それにビスケットで始まり、終るころには、秘密裁判に変っていた。ぼくたちは、協力を依頼したのだが、彼らは、それを敵軍協力と受けとった。彼らにとってぼくたちはナチも同然で、会見はゲシュタポがナチへの協力者を探しに来たのと変りなかった。ぼくたちはこの合併を大いによろこばしいものにしようと思っていたのだが、反対にまるで侵略者としてしか見られない。お互いの意思は、まったく通じなかった。ぼくたちは、両手を広げて抱き合おうとしたが、彼らはぴしゃりと心を閉じてしまった。ぼくたちが、自由を口にするとき、彼らには併合の言葉のように聞こえた。結局、解放者として来たぼくたちは、奴隷主義者のレッテルを貼られて帰っていった。

気持ちをうまく伝えることができなかったせいか、さっそく裏切りが始まった。デルピール社の時もそうだったが、ＡＯＧの幹部も、変り目に乗じて、担当していたアカウントといっしょに抜けていった。外部の敵と戦うだけではなく、毎日、内部の穴を埋めていかなければならなかった。ネズミは、沈んでいく船から逃げていく。そこで、とびきりの条件を出して、士気の高揚をはかることにした。給料を引き上げ、昇進を約束したのだ。しかし、まわりからは、すぐに非難の声が上がった。

競合各社のやっかみを、なんとかおさめるために、われわれは四方八方飛び回った。ひとつの問題が解決したかと思うと、すぐ次のワナが待っていた。そんなとき、キャバレーでベルギー人の芸人が歌っていた破滅の歌が、頭に浮んだ。

「どうしてクラクションを直すんだい。もうブレーキが、きかないっていうのにさ」

財政を立て直すには、もう絶望的だった。ただ、資本さえあれば、なんとかできた。そんな時、なんとその資本がころがり込んできたのだ。美しく輝く、十二月のある晴れた夕方、外の寒さはきびしく、空は青く澄みわたっていた。またしても運命は、ぼくたちに恵みを授けてくれた。フランス広告史上でも、桁はずれのアカウントだ。三ヶ月で、三千万フラン。これだけあれば、フランス全土を揺がすキャンペーンを作り出すことができる。

もう一度、天は、ぼくたちの腹を撫でてくれたのだった。

フランスをノーブランド商品でうめつくせ

1976年

もうプロデュイ・リーブルしか食べないことにしてるんですよ。

——トゥールーズのタクシー運転手

運命は、恋の始まりに似ている。ある晴れた朝、何の前触れもなく人生の扉を叩き、すべてをひっくり返してしまう。

広告マンにとって、運命の日とは、新製品の市場投入を任されたときだ。ぼくは、時代を揺がすような新製品を待ち望んでいた。そんな商品が出るのは、十年に一度ぐらいしかない。そして無数の広告マンたちが、このチャンスをつかむことだけに賭けているのだ。

その恋も、別れの時にはじめて、かけがえのないものになる。共に歩んだ道を振り返るのは、いつも別れの日だ。広告界での伝説もまた、キャンペーンの終りとともに始まるのだ。すべてが終った今、ぼくはあらためてプロデュイ・リーブル（自由製品）が、人生の転期になったことを感じている。文学者にゴンクール賞が科学者にノーベル賞があるように、ぼくは、プロデュイ・リーブルによって、真の広告人になった。

キャンペーン開始からちょうど三年たった同じ日に、ＩＦＯＰ（フランス世論研究所）の調査に基づいて、プロデュイ・リーブルは「過去三十年間の最優秀広告」に選ばれた。

＊

人が偉大な情熱に生きるように、ぼくは大キャンペーンに身を投じた。無我夢中で打ち込み、仕事の醍醐味を味わった。まさに目くるめくような日々だった。初めての出会いは、まったく予期せぬ出来事だったが、強烈な印象を残した。まるで小説のように……。

その朝、電話が鳴った。

「もしもし、私はエティエンヌ・ティルと言うものです。スーパーマーケット、カルフールの営業部長です。すぐにでもあなたにお目にかかりたいのですが。できれば今日にでも……五時ですか？　けっこうです。いや、別に何も用意しなくてけっこうです。二、三、おたずねしたいことがあるだけですから。では今夜」

　しかし、五時半になっても、見知らぬ電話の相手は現れなかった。ぼくは、ベルナール・ルーの部屋に上がっていった。「三十分の遅刻だ。まったくたちの悪い冗談だよ。今頃きっとおれたちを笑いものにして、楽しんでいるだろうよ」　十五分後、エティエンヌ・ティルが、彼とは好一対の男といっしょにやってきた。ティルは、色白で、こめかみには銀髪が混り、目は紫水晶のようだった。もうひとりは、色が黒く、漆黒の髪に、黒い瞳だった。一方は弁がたち、もう一方は無口だった。ティルは、漠然と連れの男を紹介した。そのせいで、ぼくは彼のことを、カルフールの宣伝課長だろうぐらいに思っていた。

「おたくの会社のことを、話していただけませんか」と白い方のティルがいった。

「だが手短かにお願いします。汽車の予定があるので一時間後にはここを出なければならないのです」と、色黒の方がつけ加えた。

　会合はまず、退屈で無味乾燥な会社説明から始まった。ぼくたちはかわるがわる、単調な説明をしていった。しかし突然、ぼくはぎょっとなった。二人を説得するには、あと三十分しかない。流れを変えなければ……。ぼくは、運を天に任せ、きっと彼が汽車の予定を変えると信じた。もしあのとき、話の流れを変えていなかったら、プロデュイ・リーブルは、生まれていなかっただろう。そして今頃ぼくは、ジャック・ドゥースに使われているはずだ。不安と期待で胸をいっぱいにして、ぼくはこう切り出した。

「私たちの会社のことは、これくらいで十分でしょう、今度は、そちらの話をしましょうか、もし私がカルフールの人間なら、こう思いますね。我社は十五年前にセルフサービスを導入した。これは、大成功だった。だが類似店が増え、今ではどの店も似たりよったりだ。どこでも同じスープを、同じ値段で売っている。カルフールは、もうありふれた存在にすぎない、せいぜい良きリーダーといった程度だ。スタッフも、いささかくたびれてきた。もう革新も起さず、すべて成り行き任せだ。要するに老け込んだのだ。こんなときこそ、新機軸を打ち出すべきだ。先進性と信念を、取り戻すことのできる何か。第二の青春が必要なのだ、と」

ティルは、きらりと目を輝かせた。そして絶えず色黒の方を、振り向いた。だがこちらは何の反応も示さなかった。しかし我社でマーケティングを担当しているドミニク・ダヴィッドが、突然反応した。彼はクリエイターのように、論理よりも直観で行動する。マーケティング・マンとしては、珍しい男だ。彼は物事を理解するよりも直観的に見抜く才能を持っている。まさに聖なる黄金虫なのだ。

彼は、白いボードに、流通の三大ポイント、つまり価格、商品選択、サービスを表す三角形を描いた。三つの力がつりあう均衡点を見つければ、成功は約束される。そこが、新しい勝負のポイントだ。説明が終ると、色黒の方が身をかがめて、ティルに何か耳打ちした。よし、これですべてが決まる。キャンペーン開始の予感がした。ぼくは、また話を続けた。

「もし私がカルフールなら、ユーザーと対話のあるブランドを作ります。モノローグの広告は、いたるところにあふれかえっています。『価格破壊』とか『とにかく安い』とか、『安さ爆発』とか……。みんな同じですよ。ユーザーの言葉が必要なんです。スーパーのためでなく彼らのために新しいブランドを作るのですから。いわば、ユーザー・ブランドですよ」

「私はむしろノーブランドと言いたいね」と色黒の方が言った。彼は、ついに核心に触れてきた。

「我々がカルフールを創立したのは、フランスがやっと欠乏の時代を脱したときだった。あの時代は品質の良さと豊かさが求められていた。ブランドというのは、この質の良さ、豊かさを体現しているものだった。ジョニウォーカーでも、ラッキーストライクでも呼び名はなんでもかまわない。ブランドは、貧しさからの解放を意味していたのだ。我々は、この豊かさを誰の手にも届くよう、無駄な経費をすべて削った。店の扉を取り払い、ショーウィンドウも、飾りつけも、売り子もなく、まさに店を裸にした。そして、消費者によく知られた商品を定価より安く売って、カルフールの安さを証明した。しかしそれから競争が始まり、販売広告が一般化し、セールス・プロモーションもどんどん増えた。もうどの商品をとっても、カルフールが一番安いとは言えなくなってしまった」

「そして安くなければ、もうカルフールではない」

「そのとおり、我々には、新しいアイデアが必要だった。それが、今ここにあるのだ」

ぼくはやっと、一宣伝課長ぐらいだろう思っていた男が、実はカルフールの創立者のドゥニ・デュフォレイだったということに気がついた。恥ずかしくて、消え入りそうだった。だがほんとうに驚くのは、これからだった。

「我々は、これをプロデュイ・ブラン(無印製品)と名付けて、市場に投入するつもりだ。メーカー主導の時代、流通主導の時代にひき続いて、商品の第三世代が到来するのだ。プロデュイ・ブランが、ひとつの基準になってくれればと思っている」

「セルフ・サービスの次は、消費者に自由な選択をしてもらおうと言うのですか！」

「そう、商品選択を自由なものにし、しかも低価格を維持するのだ。我々は、大手メーカーと、商品化コストを極力おさえた仕入れ契約を結ぶ。マーケティング、パッケージ、在庫管理、販売といった経費を、すべて差引く。これで平均三十パーセントの経費節減になるはずだ、マージンは、ブランドものと同じ、売上げの九パーセントだ。他のスーパーは、多いところで四十パーセントものマージンをとっている。我々はこうして、他の商品にひけをとらない品質のものを、ぐっと低価格で、売ることができるのだ」

「値下げラッシュになりますね」

「いやそれ以上のものだよ。スーパーマーケットの出現に匹敵するほどの革命だ。一九六三年に、工場価格を百とすると、小売価格は百四十だった。それをカルフールは、大量かつ迅速な販売によって、百二十で提供できるようにした。今度は、その同じ商品から、商品化コストを取り除いて、九十四で売ろうとしているのだ」

一瞬、沈黙が流れた。その時の沈黙の天使は、カモメの姿をしていたにちがいない。ぼくたちは皆、話に熱中して、時のたつのも忘れていた。気がつくとすでに夜の十時だった。ドゥニ・デュフォレイは、汽車をつかまえそこねたが、ぼくたちは、彼の心をしっかりとつかんでいた。ぼくには、あとひとつだけどうしても聞いておきたいことがあった。

「このアイデアをいったいどうやって思いついたのですか?」

「私は、ケネディ大統領の要請で消費者保護のためにホワイト・ハウス入りしたアメリカ女性、エスター・パターソンに会ったことがある。フランスで、マダム・スクリブネールが、消費大臣になる十年も前のことだよ。私は、パターソンに、政府主導型の消費者保護政策をどう思うかとたずねた。彼女の答は、否定的だった。『政府というのは、法律を作ることしかできません。その法律も、対立する利害がからみ合って、結局は妥協の産物になり、効力はごく限られたものになってしまいます。私企業なら、アイデアさえあれば、それを実行することができます。良いものなら、必ず成功します。成功すれば、世の中を動かすことだってできるのですよ』と彼女は言った。私も同じ考えだった。法律は、保護柵にすぎない。イニシアティブを取るのは、メーカーと流通業者なのだ。『消費者運動を作る』のは、政府ではなく、我々なのだ。いわゆる新製品が毎月のように出る社会の中で、フランス人はまごついている。あまりにも選択の幅が広いと、何を選んだらいいのかわからなくなってしまうのだ」

「おたくの反ブランド商品は、反消費ということですか?」

「いや合理的な消費ということだ」

ドゥニ・デュフォレイは、沈黙した。彼は、よけいなことは、いっさい話さない。彼の話は、本論だけで、前置きも結論もない。この会合の幕を引いたのは、エティエンヌ・ティルだった。それも大人物のエピソードを紹介するという彼らしい幕の引き方だった。

「アメリカはオハイオ州、デイトンのある夏の晩のことでした」ティルは、おだやかに話し始めた。

「日が暮れて、暑さもおさまり、いい夜になりました。私はバーナード・トルヒーヨと雑談していました。流通や販売について、彼の右に出るものはいません。流通の神様みたいな人ですよ。私は、彼の二ヶ月間のセミナーに参加していたのです。彼は、こんなことを私に言いました。『エティエンヌ、だれもが、商売で成功するのは難しいと思っている。だがそれはちがうんだ。ただひとつ、絶対に守るべきルールがあるだけなんだ。良い品を安く売る。それだけだ。皆、自分はそうしていると思っているが、錯覚だよ。その証拠に、だれかがこれを実現するならば、ブーシコーによってボン・マルシェ百貨店ができたときのような革命になるだろう。そう、革命だよ。革命を起そうじゃないか』と」

ふたりの男は、話が終るとあっという間に出ていった

この冒険的な大仕事を、ぼくはどうしても、ものにしたかった。

翌朝一番に、エティエンヌ・ティルから電話がかかってきた。

「キャンペーンが決まりました。あなたがたには、クリエイティブをお願いします。マーケティングは、ベルナール・ブロシャンが担当することになります」

ぼくは、ギャンブル好きではない。だがはじめてラスベガスに行ったとき、スロットマシーンの誘惑には、どうしても勝てなかった。あのときは世界一周旅行の途中で、ポケットには、なけなしの二十ドルだけ。その二十ドルをあっという間に使い果たし、ギャンブルの悪魔に魅入られたぼくは、ますます泥沼にはまっていった。近くのガソリンスタンドで、スペアタイヤを二本、売りとばしてしまった。ラスベガスでは、あらゆるものが売買される。スタンドは、四十ドルでこれをひきとってくれた。頭がどうかしていたのだ。世界一周の途中でスペアタイヤを売ってしまって、いったいどうやっ

て残りの半分を走るつもりだったのだろう。スロットマシーンは、貪欲に金を飲み込んでいった。二枚残ったコインの一枚を入れたとき、ジョーカーが三つ並んだ。ジャック・ポット！　スロットマシーンから二十五セント玉が、洪水のようにあふれ出てきた。マシーンの中の金が全部、ころがり落ちてきたのだ。あのジャラジャラという独特の音は、いまだに耳に残っている。富と、再び取りもどした冒険の音だ。

エティエンヌ・ティルが電話を切ったとき、ぼくにはまた、あの音が聞こえた。

*

キャンペーンの準備期間は、三ヵ月。一分たりとも無駄にはできない。いつものスタッフは、ブランドへの冒涜《ぼうとく》だと言って、この仕事を断ってきた。やむなく社内の有志を募って、チームを作ることになった。秘密が洩れることだけは、なんとしても防がなければならなかった。秘密保持は、弁護士や原子物理学者同様、広告マンにとっても大切なことだ。結局、打合せは、必ずポール・ドゥーメ通りにあるぼくの自宅《アパルトマン》で行なうことにした。ぼくの部屋は、一九四〇年代の怪しげなハリウッド調で、右にはトロカデロ、左にはパッシー墓地があった。テラスからは、凱旋門とエッフェル塔が見える。眺望は百八十度以上で、目の前には視線をさえぎるものなどひとつもなく、パリ中を見渡すことができる。ラスティニャック〔バルザックの小説に登場する野心家の青年〕が拳を振り上げたときと少しも変らぬパリの姿が、そこにあった。この異様な部屋は、もとは美容師のアントワーヌのものだった。彼は、戦前、有名だった美容師だ。気宇壮大《きうそうだい》な心の持ち主で、文学、芸術、とりわけジャン・マレエの保護者だった。寝室には、ガラスの棺が置かれていた。彼は、これ以外の寝台には寝ようとしなかった。そのまわりには、五十足もの女物の靴と、アンクル・ブーツ型の舞踏靴《エスカルパン》が、右足だけぎっしりと積み重なっていた。アントワーヌが置いていた家具はこれだけだった。ぼくは、最初の持主に敬意を表して、間接照明や、薄いベージュ色の天井、レザー貼りの壁、ローズ色のサテンの客間、クジャク型の鏡、ドミニク風の机などを、そのまま残しておいた。それに彼の思い出には欠かせないジャン・マレエの胸像も。

自由への道が切り開かれたのは、こんなファシスト的な装飾の中からだった。

*

与えられた三ヶ月のうち、一ヶ月をキャンペーン・コンセプトの把握に、一ヶ月をコピーライティングに、一ヶ月を製作と印刷にあてることにした。一週間後には、「生活の質をアピールするブランド」という最初のコンセプトが、まとまった。消費者の動向を反映し、シンプルで、誠実。宣伝用の装飾をいっさい取払った製品だ。パッケージは白で、他は何もつけない。アンチ流行のいわば処女包装だ。キャンペーンもこれと歩調を合わせて、情報価値のみに徹し、余計なイメージをつけず、妥協もしない。質素でひかえめな、反広告的広告になった。

月曜日に、ベルナール・ブロシャンにこれを報告に行くと、彼は、真っ赤になって怒った。

「まるで気違い沙汰だ。反ブランドを出すのに、ブランドそのものを抹殺してしまうなんて。かわりに何を持ってくるんだね。無か？　君たちは生活の質をアピールしているが、いったい何を提供するんだ？　真っ白だ。退屈だよ……」

ぼくたちは、これを聞いて戸惑い、不安な気持ちで、またコンセプト作りに取り組んだ。二週目の終りに、やっと「サハラの海辺」というコンセプトに行きついた。それを選んだ理由は、創造の迷路はまさに魅惑的で、謎めいた南の海のようだからというわけだ。白いパッケージには、シュロやラクダ、砂漠の熱い砂が書き込まれた。ブロシャンは、これを幻滅だと言って、さんざん非難した。ぼくたちは、砂丘の連なる果てしない砂漠の真ん中で、途方に暮れてしまった。

そのとき、ベルナール・ブロシャンが、秘密兵器を持ち出した。ＣＣＡ（先進コミュニケーション・センター）という第一級の市場調査機関だ。第三週間目にさしかかったとき、ひとりの男が登場した。レザー貼りのエレベーターから姿を現したのは、長い髪をなびかせ、豊かな髭とビロードのようなまなざしを持った男だ。彼がＣＣＡの所長、ベルナール・キャテラだった。すみれ色のチュニック、ヒッピー風の指輪、ヒンドゥーの銀の首飾り。儀式を行なう祭司としては、完璧な装いだ。こういうたぐいの説教師は、中身は空というのが相場だが、キャテラにかぎっては、人は見かけによるのだ。彼は、深く綿密な知性を持ち、しかも戦闘的だった。あいまいになりがちな調査の世界で、彼の言葉は実効性に富んでいた。彼は、テーブルの端に腰をかけると、腕を組み、低く歌うような声で、山上の垂訓を始めた。

彼は、フランス人の購買行動における様々な動機の変化に基づいて、社会的文化的潮流という概念をまとめ、そこからのアプローチを完成させていた。いろいろな市場について行なった数百もの調査結果をコンピューターでクロスし（これには十年間の調査とアンケートが含まれている）、社会心理学的に見た新しいフランス人像を作り上げたのだ。それによると十年後の消費者の姿には、まさに革命的な変化が現れていた。モノ中心の考え方から離れて、心を求めるようになるのだ。当然そこからは、新しい願望が生まれる。モノの所有ではなく、モノを活用し、楽しむということだ。この量から質への大転換は、自然への回帰や家族、仲間意識、確かな価値への志向を伴なって、始まりつつあった。量への志向よ、さようなら、調和よ、こんにちはというわけだ。

調査結果から、市民意識の変化が、明白になった。かつての姿は、もう存在しない。

キャテラは、消費者の態度の変容が、必ず自由への渇望をひきおこすと説いた。新しい消費者は、内なる解放を成し遂げるだろう。あらゆる束縛から解放されて、自分自身のために生きることをより強く望むようになるのだ。この自由こそ、消費社会の自由となるだろう。黄金時代の到来だ。精神を去勢するような広告は終りを告げ、自由な流通が始まる……。

「我々のコンセプトは、自由ブランドだ！」

と、マラーは叫んだ。

この一言で、キャンペーンは、栄光へと続くレールに乗った。

マラーこと、フィリップ・マラナンシは、現在は我社のクリエイティブ・ディレクターだが、当時は、コピーライターで、言わばキャンペーンの作家というところだった。彼には、マラーの呼び名がふさわしい。それは煽動家というのではなく、革命精神の持ち主だからだ。マラーは、言葉で革命をおこすことができる。その革命は、カルフールばかりか、トータルやランカスターなど十指にあまるクライアントで、成功を収めている。どんな職業にも必ず、チームの先頭に立って、山を登り、新しいルートを切り拓いて、頂上へのアプローチを可能にする男がいる。マラーはそういう男なのだ。

第三週目は、目ざましい進展はあったものの、勝利にはまだ到達できなかった。大きなキャンペーンというのは、山登りと同じだ。チームの各メンバーが、かわるがわるに遠征して、数々の難所を切りぬけていく。マラーの後をひきついだのが、マーケティングのドミニク・ダヴィッドだった。マラーのコンセプトは、文章化されたが、まだ主知主義に陥っていた。

「まったく哲学的ですね」ダヴィッドは、熱っぽく言った。「自由ブランドねえ！　それで、製品の方はどうなんですか？　ええ、それはすばらしいものですよ。完成までに数ヶ月かけ、品質は、研究所で厳重に管理されているんです。あなた方は、そんなことさえ知らないでしょう。それでいて、自由だとおっしゃる！　自由というのは、まず知ることです。自分たちの製品を皆に知ってもらうことなんですよ！」

キャンペーン作りの真っ最中に、実際にスタッフ全員が、自由ブランドのパスタや米、油、砂糖、コーヒーなどを手にとってみることになった。研究所はマルセイユにあったので、まるで仕事をさぼって、旅に出かける気分だった。研究所は、司法警察か、役所のような建物だった。所長のエスティエンヌ教授のオフィスには、こんな言葉がかかっていた。「何人であれ、腐った卵を売りし者は、晒し台にかけられるべし。罪人の顔には、子供たちによりて、卵がつぶての如く投げられるであろう」最後に、フランス国王ルイ十一世、一四八一年の銘が刻まれている。

品質管理研究所の所長でありながら、彼はユーモアを失なわず、そればかりかとても情熱的だった。まるで消費者保護の熱にうかされたように、試験管から試験管に飛びまわっていた。彼の話しぶりは、まるでイエズス会の修道院長が、神の祈りを唱えるような感じだった。彼は、他の人が修道院に行くような気持ちで、消費者運動に入ったのだ。つまり人類の至福のために。

「今日の主婦は、悪魔に虚栄心をくすぐられています。たとえばタラの切り身を買うとき、みんな真っ白いのを欲しがります。白い切り身は、無水亜硫酸で漂白されていることを知らないのです。まして自然状態で保存されたタラの切り身が、灰色だということも知りません。カルフールは、神の贈物です。私は、なにからなにまでテストして、規準に達しないものは、製品化を認めませんでした。カルフールのものは、良い製品です。むしろ誠実な製品と言うべきでしょう。すべてのパッケージに、内容物、成分、鮮度保障期間を表示したラベルがついています。たとえば繊維の柔軟剤には、九十四・二パーセントの水分が、含まれています。これは、けっして不正ではなく、規定で定められていることなのです。私は、主婦の皆さんに、自分が買っているものが何であるか、知っていただきたいのですよ。だからこそ、水分九十四・二パーセントと、堂々とパッケージに書くのです」

話しながら、彼はフランスでもっとも設備のゆきとどいた研究所を案内してくれた。

「我々は、日々、進歩しています」彼は、いかにもうれしそうにこう言った。「たとえばパスタは、デュラム・セモリナ粉だけを使用することになっています。しかし長い間、成分の検査方法はひとつしかなく、これには二十パーセントの誤差がありました。イタリアのメーカーは、このことを利用して、安い粉を二十パーセント混ぜたパスタを売っていました。しかし一年半ほど前に、国立農産物研究所の調査官が、新しく誤差のない検査方法を開発したのです。それ以来、イタリアのメーカーは、我々にパスタを売るのをやめていますよ！」

「そうでしょうとも。カルフールが検査した製品のメーカーは、何と言っていますか？」

「万々歳ですよ。私は、ラスクのサンプルから微量の菜種油を検出したんですが、メーカー側は、植物油はいっさい使用していないというのです。まったく正直そうな様子でした。私は工場に出向いて、菜種油が機械の潤滑油として使われていることを発見したのです。それだけでも、製品は『不純物の混入』したものとされてしまうのです」

長口舌は、八時間に及んだ。予言者の常だが、エスティエンヌも説得的な調子で、とめどなく話し続けた。ぼくたちは全面的にコンセプトを改めた。帰りの機中で、自由ブランドはプロデュィ・リーブル（自由製品）と変り、ついにキャンペーンはでき上がった。

＊

翌朝、マラーが五行ほどのコピーを書いた。このコピーが、前代未聞の騒ぎを巻き起こすことになる。

「私たちはいまだに、高価だから、きれいなパッケージに入っているから、有名ブランドだから、良い製品だと信じ込まされています。プロデュイ・リーブルには、ブランド名がありません。しかも同じ品質、さらにお値打ちです」

コピーは、白地に青の文字で、カルフールのロゴは、赤で入れた。次の全体会議で、この案はまだ不十分だと言い渡された。

「君たちのキャンペーンには、まったく逃げ場がない。これじゃ手痛い目に会うぞ。全部忘れて、もう一度、ゼロからやり直すんだ。」

またしてもブロシャンが、邪魔に入ったのだ。だがぼくたちは、彼の言い分を受け入れるしかなかった。

あの土曜日のことは、今でもよく憶えている。全員、ぼくの自宅《アパルトマン》に集まっていた。六週間、コンセプトワークに明け暮れて、すっかりやつれ、やっと目標が近づいたと思ったとたん、また急に遠ざかってしまい、皆がっくりしていた。

広告の仕事は、超音速ジェット機の操縦と同じだ。一瞬の技がものを言う。手さばきひとつで、機首を立て直し、死のきりもみ状態から脱出することができるのだ。ぼくは、空を見上げた。冬の朝だけに見られる冷たく澄んだ青空だった。背景に空を使ってはどうか。このアイデアで、ついにキャンペーンは離陸した。しかしブロシャンは、まだ懐疑的だった。「空には、物事を変化させる力などないよ」彼は、そう言った。

だがそれは間違っていたのだ。

その次の週は、もうたいへんな忙しさだった。ぼくは、パリ中の貸しポジ屋で、使えそうな青のバックを探し回った。その中に、カモメの写真があった。空を飛ぶ鳥。これこそ、自由を端的に表現したイメージだ。ぼくは、写真の上に、マラーのコピーを重ねた。これでついに目標に到達した。頂上にたどりついたのだ。白いカモメが、ぼくのキャンペーンを、「飛び立たせ」てくれた。それから、すべてが、快調に進んだ。次のコピーは、自然に生まれ落ちた。「この洗剤が、洗剤です。このコーヒーが、コーヒーです。この油が、油です」これは、プロデュイ・リーブルが、商品の原点であることを示すには最適のコピーだった。洗剤だから洗剤を、コーヒーだからコーヒーを、油だから油を、選ぼう。ここでは、「選ぼう」という呼びかけを使った。「お選びください」という今までの形を、徹底的に排除したのだ。

ラジオ用には、カモメの鳴き声と、エンニオ・モリコーネの空をテーマにした曲を使い、落ち着いたナレーションを入れた。わめき声やうるさいジングルを使った他社の大道芸人みたいなスローガンは、このCM一本で、すっかり時代遅れのものになった。

キャンペーンは是非とも、お祭り騒ぎにはつきもののイベントで始めたかった。ゴングを一発鳴らして注目を集め、広告を効果的に浸透させるのが、広告会社の定石だ。フルシチョフが、決裂宣言の前触れに、国連を足蹴にしたのと同じことだ。ぼくたちは、「カルフールの自己批判」という、ドゥニ・デュフォレイのサインが入った公開コミュニケを用意した。これこそ文化大革命だった。もっとも資本主義にこれを「売る」のだが。

幸いなことに、ドゥニ・デュフォレイは、資本家である前に、論客だった。こういうことは、ふつうはあまりない。常に疑問を持つことは、自分を豊かにしていく最良の方法だ。ドゥニは、まさに革命的資本家なのだ。人々は、衝動や不満にかられて、敷石や爆弾を投げるが、彼は思想を投げつける。それが、彼の世直しの方法なのだ。煽動者の常で、彼もまた孤独だったが、自分の主張のために戦うときは、けっして折れることのない考える葦だった。敵の激しい攻撃を前にすると、かえって彼は力を増す。無法者の世紀に迷い込んだ中世の騎士。彼は、今の時代にはそぐわない男だった。ぼくが、キャンペーンのプリテストをするべきかどうか尋ねたとき、彼は自分の経験を語った。

「何年か前に、我々は、社員採用にあたって、筆跡による性格判断テストの専門機関と契約を結んだ。価格は流動的で、場合によっては通常の二倍になることもありえた。我々の面接だと、失敗率は、五分五分だった。私は試しにそのテストを、社長のマルセル・フルニエと、部長で、私の弟でもあるジャックといっしょに受けてみることにした。三人とも平均点にも満たない結果で、コメントもひどいものだった。『企業にとって危険人物、仕事を開拓する能力も決断力もない』というのだ。我々は契約を打ち切り、もと通り自分たちで面接して、採用を決めることにした。相変らず失敗率は五分五分だが、あれ以来、私はテストの結果より、自分の判断をとることにしている。最善とは言わないが、安くすむことは確かだ」

ぼくもドゥニ・デュフォレイ同様、広告のプリテストは、無意味だと思っている。テストの結果は、過去の写し絵にすぎない。インパクトや理解度、認知度テストは信用できるが、プリテストは実際には意味がない。広告というのは、心をゆさぶり、挑発し、驚かせ、変化させる。つまり新しい道を切り拓く仕事なのだ。大衆がぼくたちに語りかけるのではなく、ぼくたちが大衆に語りかけるのだ。ところが調査マニアの広告マンたちは、調査結果の裏付けがなければ、一歩たりとも踏み出せないし、一言だって書こうとしない。彼らは、広告がテクニックではなく、戦いの芸術《アート》だということを忘れている。

テストなどより、もっと肝っ玉を太く、と思う。

*

八週目の土曜日は、ドゥニ・デュフォレイに対するプレゼンテーションの日だった。広告マンにとってこの日は、劇作家が初演の日を迎えるのと同じ重みがある。ただ広告マンの場合は、作家であるとともに、演出家、舞台装置係でもある。何ヶ月にもわたった労苦と投資が、わずか二時間で評価されてしまう。観客の目は厳しい。気に入れば拍手喝采だが、気に入らなければアカウントは別の広告会社に移ってしまう。

デュフォレイは、彼一流の方法で拍手を送ってくれた。ぼくは、最後の案を説明し終ると、彼の反応を待った。

「いかがですか」

最初、彼は無言だった。沈黙のうちに、数分が過ぎた。ぼくは血も凍るような思いで待ち続けた。彼は、ティルの方を向いて、「エティエンヌ、どうやら仕入れを二倍にする必要があるな」と、おだやかに言った。そして立上がり、部屋を出ていった。

ぼくは、すっかり彼に心を奪われてしまった。

＊

もしこれが広告以外の業種で、しかもフランス以外の国だったら、何の問題もなかっただろう。だが、広告業界はまだ成熟しておらず、反対に、フランスはすでに老境にさしかかっていた。つまり若気の過ちと老害が始まったのだ。まずジャック・ドゥースが、このキャンペーンを見て、こう言った。

「ブロシャン、この件から手を引け。さもないと、鉛玉を一発ぶち込むぞ」

ブロシャンは、あっという間に、戦線を離脱した。絶対服従こそが、将校の第一条件なのだ。ぼくたちは、フランス広告界の賢人会議に、お伺いをたてることにした。この件は、三人のお偉方に委ねられた。彼らの結論は、まさに破産宣告だった。

「これは、商標に対する宣戦布告に他ならない。もしこのキャンペーンを実施するというのならば、我々はあくまでも君たちと戦う。コンセプトを変更するか、パートナーを変えるか、どちらかだ」

ぼくは、この反撃の激しさにたじろいで、デュフォレイにキャンペーンの手直しを提案した。プロデュイ・リーブルの名称はそのままだが、「マークのないマーク」というコピーを併記するという案だ。しかし彼は変節を認めなかった。ぼくに人さし指を突きつけて、一言こう言った。

「君がどうだろうと、私はこのキャンペーンを打つ」

ぼくたちは、結局、行動をともにした。これでまわりがすべて敵になった。消費大臣のマダム・スクリブネールが、ドゥニ・デュフォレイを呼び出して、説得しようとした。しかし大臣は、カルフールがプロデュイ・リーブル（自由製品）を自社で製造するものと思っていたので、流通広告を閉め出しているテレビの扉をかえって開かせることになった。エスティエンヌ教授は、カルフールの品質保証をしたことで、危うく更迭されそうになった。ＡＡＣＰ（広告代理店審議会）は、このキャンペーンの実施を禁止し、代理店という代理店からは、轟々たる非難が巻き起った。マルセル・ブリュースタイン＝ブランシェは、公然とこう言い切った。

「はっきり言うが、このキャンペーンは、過去二十年間で最大の欺瞞だ。私は、これが背信行為だと公言してはばからない。ブランドのない製品は、広告市場に出された匿名の脅迫状だ」しかし同じ人物が、自分の著書『説得の情熱』の中では、こう書いているのだ。「この国では、ひとつの考えを受け入れさせるのに、最低十年はかかる。苛立たしいかぎりだ」

大クライアントたちの怒りは、とどまるところを知らなかった。彼らは、まさに吠えまくっていた。「カルフールの社長は、メール、マルシェ、ミッテラン、セギュイよりも、もっと社会主義を押し進めることになるだろう」これは、ペリエの部長、ジャン・モットが、『投資《アンベスティール》』誌に書いたものだ。

まさに『ユビュ王』の倒錯した世界だった。

ロレアル社の社長フランソワ・ダールの態度は、まったく見事というしかない。彼は、広告の力で成功した男だ。その彼が、ただで出せる広告を、断ったのだ。これ以上の意志表明があろうか！　カルフールのヘアスプレーは、研究の甲斐もなく、ロレアルの品質には及ばなかった。隠しだてしないのが、われわれのやり方だ。こうして初めての謙遜広告ができ上がった。

「このヘアースプレイが、ヘアースプレイです。でも残念ながら、最高の品質とは言えません。エルネットにはかなわないのです。ロレアル万歳！」

業界の連中は、天井桟敷から野次を飛ばしていたが、一般の人たちは、大喝采だった。広告というのは芝居と同じで、観客が王様なのだ。二週間で売れた量は、無着色のボンボンが十三万袋、ビスケット十万箱、油三十二万リットル、パスタ四百二十トン、小麦粉二百五十トン……まさしく大勝利だ。ブランド名のない洗剤は、名ばかりの高級品を尻目に、全部売り切れ。一ヶ月後、プロデュイ・リーブルの売上げ高は、全取扱い商品の五十パーセントにまで達した。食品部門の四十品目は、十一パーセントの販売シェアを記録した。カルフールを訪れた客の十人に八人は、白いパッケージを買い、その七割は、もう一度、購入している。この大成功は新聞の大見出しを飾り、『フランス・ソワール』は、この記事のために三回のシリーズを組んだ。ドゥニ・デュフォレイは、ヨーロップ1局の「対談」や、アンテーヌ2局の「話題の人」のコーナーで、インタビューを受けるほどだった。

まさにフランス中が、このキャンペーンに沸いていた。

＊

だが、ぼくが勝利の美酒を味わったのは、そんなところではなく、道を歩いているときだった。新しいクライアント、つまり新しい冒険を求めて、ぼくは朝早く家を出た。突然「プロデュイ・リーブル取扱い店」という大きな垂れ幕が目に入った。それが、カルフールのシャンベリー店だった。店に入ると、何百羽ものカモメがぼくに挨拶をした。細い糸で吊るされ、栄光の中でかすかに身を震わせていた。エンニオ・モリコーネの曲が鳴り響き、青空の下、いたるところで自由の歌が聞こえるようだった。

このときぼくは、人生でたった一度だけ、舞い上がったのだ。

ミッテランの選挙キャンペーンを手がける

1977年

何も言うことのない連中にかぎって、無意味にしゃべり続けるものだ。
私にとって興味があるのは、それ以外の人たちだ。
——ジャン＝ピエール・ソワッソン

論理の人デカルトは、ベルギー人、スイス人、アメリカ人にはなったかもしれないが、フランス人的だったとだけは言いがたい。

フランス人は、世界中でもっとも、非論理的な人間だからだ。自分は成功を追い求めるくせに、人の成功は心よく思わない。フランス人はいつも、他人の成功は、不正から得たものだと思っている。他の国では、成功は周囲の尊敬をかちとるが、フランスでは、尊敬を失なう一番の早道なのだ。狭い広告界では、ぼくたちの会社が、たった五年で、百位台から二位にまで上がったことだけでも、すでに嫉妬の目で見られていたのに、プロデュイ・リーブル（自由製品）の成功で、ぼくたちへの尊敬は完全に失なわれてしまった。業界紙には侮辱され、いたるところで後ろ指をさされ、その上まもなくすると、他社の中傷に動揺したクライアントが我社からアカウントを引きあげ始めた。

ナポレオンのスターリングラードでの大敗戦のような、まさに潰滅的《かいめつてき》な打撃だった。アルチュール・マルタン社は、ガスレンジ・フォールのアカウントを引き上げた。プロデュイ・リーブルには、レンジはないのだから、まったく不当な仕打ちと言うしかない。この損失は、五百万フラン。菓子のリュ・ブラン社も、ひきずられるようにして、契約を打ち切った。リュ・ブランは、プロデュイ・リーブルにビスケット・サンド《ビスキュイフーレ》を納入しているのに、ひどい話だ。こんなことなら、ビスケットの名を「できそこない《クー・フーレ》」にでもしなければ。

ぼくたちは、大きなアカウントを取ろうといろいろ頑張ってみたが、どれもこれも皆断られた。まるでナポレオンが敗走したベレジナ川の寒風にさらされているようだった。この悪夢のような戦線後退で、一ヶ月のうちに千五百万フランのアカウントが消えた。もっともぼくたちは、こんなことでめげたりはしない。恐いもの知らずなのだ。

だが不幸というのは、続いてやってくる。それがぼくの二度目の結婚だった。

家政婦とはうまくいくのだが、しかし妻となるとどうもうまくいかない。ぼくの最初の結婚は、恋愛結婚だった。だが新婚旅行に出たときから、愛情がいかに理にかなった感情であるか思い知らされた。妻のアンヌ＝マリーは、ぼくとは性格がまるで反対で、ぼくの欠点をすべて彼女が補なっていた。ぼくたちは、運命によって結ばれたのではなく、コンピューターで結婚したような感じだった。まさしく理想のカップルだ。だがふたりの間は、夫婦というより、単なる協力関係だった。そして残念ながらこの関係は、仕事仲間との連帯に比べると、ずっと弱いものだった。破局は、六年目にやってきた。


再婚は、理性など無視した衝動的な結婚だった。ぼくは、ある夕食会で初めてドロテに会い、一目で夢中になってしまった。二度目に会ったときには、激しい恋と将来の予感とで、思わず涙が出たほどだった。それから毎晩いがみ合い、引き裂かれた心を、夜明けまでかかってまた縫い合せるという気違いじみた五年間が始まった。ぼくが燃えれば燃えるほど、彼女は憔悴し、しまいにはふたりとも燃えつきていた。ドロテは、苦しみぬいた末に、最後の勇気をふるいおこして、この結婚に終止符を打った。しかし彼女は、クライアントのひとりと駆け落ちするという唯一の許しがたい過ちを犯した。そのクライアントというのが、業界トップのアペリティフ会社だった。彼女がいつかその名を名乗る日が来るかもしれないと思ったら、ぼくの怒りもおさまっていった。一目惚れの結婚は、轟砲一発、海のもくずと消えた。

三度目の結婚は、その半年後。生きる本能と父性愛からの結婚だった。ソフィーは、ぼくに息子と分別を与えてくれた。愛の果実と生きていくための根を与えてくれた。ぼくが、彼女の倍も年をとっていることが、ショックだった。だが彼女は、ジョゼ・アルチュール〔仏、ラジオで活躍〕の言葉を引用した。

「最初の結婚式のとき、花嫁のベールの裾を持っていた少女が、二十年後に、私の二度目の妻になったんですよ。彼女はただ、私たちの結婚式には、ベールを持つ女の子はもういらないと言っただけでした」

ソフィーは、ほんとうの女だった。ぼくがいないとき、彼女は家にいる。そして彼女のいないときでさえ、耐えがたいほどの存在感を感じさせる。つまり二重の意味での女なのだ。ぼくには、まさにうってつけの妻だった。

広告マンは、いつも二人の女性を必要としている。ひとりは愛する女性。もうひとりは、愛をかちとろうとする女性。二人とも、結局は広告という仕事の反映なのだ。広告マンの仕事は、すでに契約したアカウントと、これから自分のものにしようとするアカウントから成り立っている。もし人を引きつけようとする無意識の欲求をなくしたら、広告マンは退化し、競争力を失ない、アカウントを取り損なってしまう。

最初の妻は、まるで計算されたようだった。二度目は、とんだ計算違いだった。そして三度目は、やっと計算の合う相手だ。およそ詩的とは言いがたいし、女性には不評をかうだろうが、ぼくにはこれがほんとうの愛の定義なのだ。国際婦人年などではなく、夫婦の年を祝ってもらいたいものだ。そういうキャンペーンなら、ぼくも作ってみたいと思う。

だがやってみたいと思うキャンペーンは、なかなかないものだ。
ラクエル・ウェルチやマリリン・モンローへの叶わぬ恋があるように、ぼくには、夢のキャンペーンがあった。マリアンヌという別名を持つフランスの国の広告をすることだ。つまり共和国の広告マンになるのが、ぼくの夢なのだ。

*

一九七七年の年明けに、この夢がかないそうになった。ちょうど全国統一市長選挙があり、候補者たちは、それぞれのイメージ作りに懸命だった。時は刻々と迫り、彼らのめざす獲物は大きかった。候補者たちは、それぞれ広告に助けを求めてきた。奇妙なことに、ぼくをこの選挙広告の戦いに引き入れたのは、競争相手のひとりだった。ジャン＝ピエール・オードゥール、社会党の闘士、アバス系広告会社の経営者。その彼が、ぼくに社会党のポスターを作ってくれないかと言うのだ。彼の会社に制作能力がなかったのか、それともこれを機に我社をとりこもうという企みだったのか、それはわからない。送られてきた制作メモには、細かい指示が入っていた。ミッテラン書記長をきわだたせ、党の意志とヒューマニズムを表現し、さらに普遍性のあるポスターを作れというのだ。これは、確実に勝つと思われる地方選よりは、むしろ来たるべき国会議員選挙、大統領選挙への配慮だった。ぼくは、仕事を引受けるにあたって、条件を二つ出した。

一、ミッテラン本人と最低一時間会うこと。

二、ミッテランの判断を最高決定とすること。

この要求のせいで、最初の打合せはとりやめになった。一九七四年の大統領選挙のときも、やはりオードゥールが、決戦投票のためのポスターを依頼してきた。ぼくの戦法は単純明快なものだった。決戦投票の際、ミッテランの得票数が一回目以下ということは考えられなかった。とすればもっとも人気のうすかった三方面に対して、全力を注ぐべきだ。この三方面というのは、女性層（ジスカール・デスタンの方がセクシーだというのが世論調査の結果だった）、怒れる若き農民たち、それに第三世代。つまり保守層ということだ。ぼくは、象徴的でしかもとてもきれいな写真を、三枚見つけ出した。一枚は赤ん坊に乳をふくませている若い女性、二枚目は、畑でトラクターを運転する青年、三枚目は、手をとりあっている老夫婦。スローガンは三枚とも同じで、「フランソワ・ミッテランを、わたしたちの大統領に」とした。

党の大物たち、つまりミッテランの家族へのプレゼンテーションは、オードゥールが引き受けた。場所は、ミッテラン家の台所。ミッテランは、この案を熱心に支持したが、妻のダニエルと、義理の姉、クリスティーヌ・グーズ＝レイナルは、仏頂面だった。

「フランソワ、こんなだいじなポスターに、あなたの顔をのせられないなんてねえ。みんなが待っているのは、あなたなのよ。選挙民じゃないわ！」

それでミッテランは、党の広報部に大急ぎで別のポスターを作らせた。でき上がったポスターはなんともさえないもので、ミッテランの顔などは、いつもよりずるそうに見えるほどだった。ぼくの案を採用していれば、子供を抱いた母親と農場の若者と永遠のカップルが、それぞれの層から十万票づつ獲得していたはずだ。

十万票の三倍は、三十万票。つまりこれだけの票を、前回ミッテランは大統領選で失なっていたのだ。

＊

先にあげた二つの条件がやっと通り、ぼくは初めて、ビエーブル通りにあるフランソワ・ミッテランの自宅を訪ねた。そこには専用エレベータがあり、明るい色調の家具が並び、まさにモダンとクラシックの「共同綱領」といったところだった。左派のリーダーが、保守派の洗練された趣味で生活しているとは。ぼくの頭に、こんな愚にもつかない小市民的な批判が浮んだ。とんだ考え違いに、我ながら恥ずかしかった。ボブ・ディランが、気難しいジャーナリストに成金扱いされたとき、こんなことを言っていた。「芸術というのは、貧乏人だけがするものじゃないですよ。ピカソをごらんなさい」

ミッテランの書斎は、四階の屋根裏部屋だった。むき出しの梁、白い漆喰、小さな丸窓、山のように積まれた本。社会党書記長の部屋は、学士院《アカデミー》会員の田舎の別荘と、少しも変るところがなかった。

ミッテランは、まずぼくを目で探った。この沈黙は、雄弁だった。人間は黙っているときほどはっきりと自分を表現しているときはない。

外見は、ふつう、その人の性格を反映している。だがミッテランは、ちがっていた。彼の思想は人を引きつけるが、容姿の方は当惑を招くとも言える。いつも公人と私人が、彼の中でせめぎ合っているのだ。不器用な体と、抜群の思考力という取合せから、奇妙な人物像ができ上がっている。体は人間の速度で動くのに、頭はエレクトロニクス並みの速さで論理を展開する。こうした先進性は、他の世界では最高の切り札だが、奇妙なことに政治の世界では、重荷になるだけだ。人々は、たとえ超人を待ち望んでいても、英雄の中になにか人間的なものを見つけようとするからだ。ミッテランは、言わば思想界のF1レーサーだった。彼の知的エンジンは、誰よりも速く回転する。だが「F1レーサー」は、ふつうの道を走るようにはできていないのだ。ミッテランは、選ぶべき道を間違えたのかもしれない。

プルーストとモーリヤックに影響を受けた彼は、自身もまた文学の申し子だった。作家にとって、容姿は成功に必要な条件ではない。だが作家と違って政治家の容姿は、売り物になる。

ぼくは、いきなりこう切り出した。

「書記長、あなたはどういう方なのですか?」

「大事なのはわたし自身じゃなくて、社会主義の方ですよ」

「たしかにそうです。でも、あなたとともにある社会主義です」

「わたしは道案内でしかありませんよ。大切なのは、行くべき道です。その道の果てに、我々の目標があるのです。社会党は、必ず政権をとりますよ。絶対に社会主義を、実現しますよ」

この言葉で、ポスターの内容は決まった。

母親から子供が生まれるように、広告というのは、広告主から生まれるものなのだ。広告マンは、自分に広告を産む力があると思っているが、実は助産婦にすぎない。広告マンにとって、本当の才能とは、人の話を聞くことだ。この能力があるからこそ、どんなに話し下手でも、すぐに心を開いてくれる。

帰る途中で、ぼくの頭の中には、すでにイメージができ上がっていた。休暇中のドゴールが、いつもの黒いチョッキを着て、アイルランドの砂浜を、運命に向って歩いていく姿だ。これに、毛沢東の死を報じた『パリ・マッチ』の有名な表紙が、重なり合った。その表紙は、文化大革命の使徒が、いつもの白い上着を着て、中国の砂漠を、歴史に向って進んでいく姿だった。

ミッテランを、フランスの砂浜におこう。

ぼくは我社の腕利きカメラマン、ジル・ベンシモンを呼んで、ミッテランの第二の故郷ラッチェのあるランド地方で、ロケを組んだ。悪天候や不慮の事態に備えて、このロケと合わせて、パリのスタジオでも撮影を行なうことにした。こちらのカメラマンには、ポートレートの専門家、ジェローム・デュクロを選んだ。彼は、アメリカで成功を収め、最近フランスに帰ってきたばかりだった。

ミッテランは、二時間も遅れて、歩いてスタジオにやって来た。「見苦しくないようにと思って、少し散歩して来たんだよ」とは言うものの、彼は、どこかしっくりこない様子だった。

彼が服装には無関心だということを知っていたので、こちらで着替えを用意していた。ビロードのスーツに、生成のシャツ、くすんだ赤のウールのタイといった組合せだ。ミッテランは、神経が昂ぶって、不安そうだった。撮影という試練を避けることができないので、見るからに苛立っていた。彼は、撮影に恐れを抱いていたのだ。彼に向けられたたったひとつのレンズが、二千万人のテレビ視聴者の遠慮のないまなざし以上に、彼をこわばらせていた。従来のイメージが壊れてしまうことを恐れていたのだろうか？　彼は動いているときだけ、フォトジェニックだった。政党のリーダーとして、いつも報道陣のフラッシュを浴びている彼にしては、奇妙な弱点だ。その上、痛々しいまでに繊細だった。彼は、公人としては強靭だが、私人にもどると優しい心の持ち主なのだ。

この写真は、完全な失敗だった。モデルは気づまりな様子だし、カメラマンも困惑していた。できあがった写真は、こわばった表情ばかりで、まるで使いものにならなかった。反対に、ランドでとった写真は、大成功だった。地元に戻って、すっかりリラックスし、天気が良かったせいもあって、ミッテランの姿は絵になっていた。フィリップ・マラナンシが、この写真にふさわしいコピーをつけてくれた。「社会主義は、道を拓いていく」フランスで初めての、血の通った政治広告はこうしてでき上がった。

あとは、これに生命を吹き込めばよかった。つまり党の承認をとるのだ。ポスター作りは一週間ですんだが、この承認をとるために、なんと二ヶ月も、執拗に戦う破目になった。ミッテランはすぐに承認したのだが、党顧問のジャン・ピエール・オードゥールや、党の会計担当でG・7タクシー社の社長、アンドレ・ルースレたちが、首を縦にふらなかったのだ。

「誰か、確かな人物に見せる必要があるようだ」と、社会党のリーダーが言った。

翌朝、ミッテランの兄が、夫人とともに会社にやってきた。彼の外見はミッテランそっくりだったが、似ているのは外見だけだった。ぼくは、夕方まで彼らと言い争った。文章が固すぎやしませんか……写真ときたらなおさらですよ……どうもこのポスターはサロン向きで、街頭には向かないようですねえ……。「超人的人物の時代は、終ったのですよ」とこの御仁は言った。「アンケートの結果によりますと、フランス人は、あらゆる分野で、自分たちと似通ったスターを求めていますわ」と夫人が、さらに突っ込む。

ぼくは、むしょうに腹が立った。

「いいですか、フランソワ・ミッテランが、社会主義を根づかせる時が来たんです。確固とした価値観で、それを主張することです。混戦模様の他の候補者たちから、抜きん出なければならないんですよ。人間臭さを忘れさせ、ヒューマニズムに訴えるんです。俗っぽくなく、威厳があって、深みのある言葉で信頼感を呼び起し、詩的なイメージで感動させるポスターが必要なんですよ。フランス人は、ドゴールが去ってから、偉大な人物に対する尊敬を失なっていました。でももう一度、それを呼び戻す機会を待っているんです。ドゴールが、いっときでもフランスの小市民だったことがあるでしょうか? 歴史《イストワール》は、例外を求めています。でなければただの小話《イストリエット》に落ちてしまいますよ」

このふたりは、とうとう言い負かされて帰っていった。しかし翌日、ぼくは、まるで賞罰委員会に呼ばれた生徒のように、党の委員連中の前に立たされた。まさに、ブルボン宮広場の悪魔払いといった感じだった。彼らは、あらゆる手を使って、ぼくをいわゆるまっとうな考えにたち帰らせようとした。エルニュやダイヤン、アタリー、その他の「賢人たち」が、入れ替り立ち替り、ぼくを説得しようとし、ありとあらゆる意見が飛び交った。

写真は、アメリカ流のポートレートのテクニックを使い、緊張感を出すために、顔の一部がシャドーになっていた。

「これじゃ双頭のヤヌス神じゃないかね!」と、誰かが叫んだ。

「ヤヌス。さあ知りませんね」

「砂の上を歩くフランソワ・ミッテランというのは、社会主義が砂上の楼閣ということだ！」

「とんでもありません。砂漠を越えるということですよ」

「この空は、嵐の空としか見えないがね！」

「空は、いつでも希望のシンボルです」

質問がばかばかしければ、答もばかばかしかった。

ポスターというのは、説明するのではなく、表現するものだ。政治でも、あまり言葉にこだわりすぎると、行動力を失う。だがぼくには、フランソワ・ミッテランの考えが、わかっていた。彼の目の中に、全面的な承認を読みとっていたのだ。彼は、卒直に、自分の姿を〝ポスターの中に認め〟ていた。ぼくは、経験と直感から、これこそクリエイターが聞くべき唯一の声だと思った。だからこそ、この二ヶ月のあいだ、他の意見にはいっさい耳を貸さなかったのだ。それには忍耐と、当意即妙の答と、さらに体力が必要だった。彼らは、違う質問者に同じ質問をさせるという司法警察並のやり方で、洗脳しようとしたが、ぼくは、なんとか切り抜けていった。

最終決定の日が、ついにやってきた。ポスターの掲出まで、あと一週間に迫っていた。ここで成否が決まる。金曜日の、夜七時頃だった。ぼくは、昼過ぎからずっと会議の場にいた。論敵は、週末の休みを取りに、ひとりまたひとりと去っていき、ついにミッテランとふたりきりになった。

「セゲラ君、このポスターには多額の費用がかかっている。しかもそれは私の金ではない。それに、このポスターは、大勢のフランス人の希望を担っているのだ。私には彼らを失望させることはできない。制作者の見栄や売り手としての自負はすべて忘れてくれ。我々の仲だ。もし君が、私の立場だったらどうする?」ミッテランは、父親のような口調で、こう言った。

ぼくは虚心になって、この質問にこう答えた。

「これを出すべきかどうかはわかりません。しかしこのポスターは、私がベストを尽くして制作したものです」

「よし、これに決めよう」

周囲の反対にもかかわらず、結局ぼくたちが正しかったことが証明された。ポスターは、まったく申し分のないものだった。左派の新聞、右派の新聞も、このときだけは、こぞって祝福を送った。フランス中から賞賛の手紙が届き、街で見かけるポスターと同じものを送ってほしいと言ってきた。結局四万枚もこのポスターを増し刷りした。

だがこの成功もまた高い代償を払うことになった。党の広告マンたちは、よそ者のぼくがたいしたこともしないのに革新陣営の詩人となったことを、快く思わなかった。だがぼくは、ポスターの企画、制作費を全額負担していたのだ。にもかかわらず、ぼくは蔑まれ、体よく追い払われてしまった。当のミッテランからせめて電話一本でも、と思っていたのだが、何もなかった。一ヶ月後、議員選挙向けの戦術計画を送ったが、なしのつぶてだった。

この不当な仕打ちについて、ミッテランは何も知らなかった。だがそれが分かったのは、ずっと後になってからだった。

とはいえ彼は、ぼくの結婚式に最高のプレゼントを贈ってくれた。

ぼくの結婚披露のパーティは、リヨン近郊の小さな町、タラールで、催された。義父のジョルジユ・ヴァンソンが、その町で市長をしていたからだ。義父は、社会主義者で、陽気な楽天家だ。義父の市長は、式を挙げたあと、ぼくを家族の一員として迎えてくれた。このときにびっくりすることがおこった。デザートが終るころ、フランソワ・ミッテランが、ぼくたちの祝福に、わざわざランド地方のラッチェからやって来たのだ。彼は、その日の午後はぼくたちとずっと一緒にいて、だれかれとなく言葉を交し、愛想をふりまいていた。こんな彼には今までお目にかかったことがなかったが、とても自然なリラックスした様子だった。ぼくたちは、胸の内を明かさずにはいられなかった。

「セゲラ、君は鞍がえしたそうだね」彼は、ぼくを隅の方へ引っぱって行って、そう言った。

「私の党派は、ただひとつ、広告だけです。広告マンというのは、マイクロフォンなんですよ。クライアントのメッセージを増幅するだけです。今日ある人に役立てば、明日はまた違う人の役に立つというわけです」

「私は、君が去ったことを知らなかったのだ。本当に残念に思っているよ。君は私のことをすぐ理解して、イメージを巧みに伝えてくれた唯一の広告マンだ。来たるべき時には、また会おう」

*

ミッテランは、たしかにぼくの情報に通じていた。ぼくは、敵方に乗りかえたのだ。むしろ友軍に、といった方がいいかもしれない。

ジャン＝ピエール・ソワッソンとは十年来の友人で、彼の選挙広告は、ぼくが引受けることになっていた。彼は議員になり、オークセルの市長になった。やがて大臣になったが、友情は続いていた。

だから彼は、何かとぼくに声をかけてくるのだ。ちょうど初夏の頃で、議員選挙を翌年の春にひかえ、そろそろキャンペーンを始めようとする時期だった。おもしろいことに、政治家も広告マンも同じキャンペーンということばを使う。両者をひき合せるのも、やはりこのキャンペーンだ。

ジャン＝ピエールは、大臣執務室から電話をしてきた。

「力を借りたいのだが。君のところへ寄るよ。十分ほど時間をとってくれないかい？」

そして、彼はぼくに事情を説明した。

「実は役職を離れて、独立共和党の指揮をとりたいと思っている。党の方針で、やむをえずアバス・グループの一社にキャンペーンを依頼したんだが、キャンペーン案は満足のいくものではなかった。君だったら、どんな戦術をとるかね？」

「ジャン＝ピエール、なんといってもイメージ戦だろうな。前回の選挙で街頭戦術を繰広げたように、ポスター戦術でいきたいね。現在の状況を見渡してみると、まず挑戦者、フランソワ・ミッテランがいる。彼は、ハンディはあるものの、不屈の闘志を持っている。攻撃的だが、一歩引いた冷静さもある。言わばディオールといったところだね。確信がありすぎて固苦しい。若い頃の過ちを忘れさせるために、一徹な態度をとっているっていう感じだ。厳しさとやさしさ、正反対のものが同居している。それに彼にとっては形よりも内面の方が大事なんだよ。だから彼のメッセージは、哲学的にならざるをえない。次は、アウトサイダー、ジャック・シラクだ。彼は活動的だが、行動一辺倒だ。自発性はあるが、気が変りやすい。冷酷だが、そのかわり頭は切れる。人間的であろうとする意志というより、人間のかたちをした意志といった方がいいだろう。例えて言えば、クレージュだね。抜群の腕を持った、たたきあげの男だ。男っぽくて、実際的で、現代的な実利主義者だよ。彼は、現実的なモードの作り手だ。その機能性がイマジネーションを追放し、彼のインスピレーションは夢を奪い去る。彼は自分にハートがないことを隠すために、フランス人の心に近づくんだ。だからシラクは、ドゴールのスタイルをとらざるを得ないんだよ」

「君の広告界ヤルタ会談は、ぼくについては、どういう評価になるのかい？」

「君は、タイトル保持者だよ。ヴァレリー・ジスカール・デスタンのイメージの犠牲者であり、また、それをうまく利用してもいる。寛大だが、いささか尊大だな。意欲的だが、何にでも口を出しすぎる。いわばピエール・カルダンだ。優秀で、洗練され、延々と話すが散漫だ。彼は、オートクチュールに自分のサインを入れるが、バーゲン用の安物にも自分のラベルをつける。彼には活動のイメージがある。だから不安定で、もろく、移ろいやすい。君の戦略は、アメリカで広告の基本と言われる『ユニークなイメージ作り』を採用すべきだ。つまりとるべき道は、ただひとつだ」

「とはいっても、いい案を選ぶとなると……」

「今回の選択は、たやすい。選択の余地がないからだ。いたるところ悲観論ばかりで、敗北感が漂よっている。これに反証をつきつけられるまでは、君は与党なんだ。それを言うんだ。それだけを」

「わかった。そうするよ！」

ジスカールの信奉者の方が、ミッテランの「友」よりは、決断が早かった。翌週、オークセルで撮影を行ない、十日後には、ポスターが街に貼られていた。「与党は、これからも多数の代表です」

賢明な選択だった。

＊

ぼくは、調子に乗って、さらに政治広告を手がけた。しばらくして、シラク陣営に呼ばれた。キャンペーンは、行き詰まっていた。戦略は完璧なのだが、コピーが一言も書けないのだ。ぼくは恥ずかしげもなく、「立ち上がるフランスに、ウイ。勝利をかちとるフランスに、ウイ。革新のフランスに、ウイ」というコピーで、三度、党派を乗りかえた。だがこれは、ほんとうに変節なのだろうか。同業者たちは、当然のようにぼくを裏切者扱いにした。しかも洗剤Xのシェア維持から洗剤Yの広告にまわるのは、この業界では手柄なのだ。カルフール、プリジュニック、ボン・マルシェなど競合するスーパーのアカウントを同時にとっても、これを怪訝《けげん》に思う人は誰もいない。どうして政党だけが違うのか。広告マンというのは、いわば通信技師だ。自分が何かを言うのではなく、メッセージを伝えるだけなのだ。だから、嘘や伝達に値いしないものでないかぎり、あらゆる情報を送る用意がなければならない。もし公正な選挙がしたければ、各政党が皆、同じ広告会社に、同額の予算でキャンペーンを依頼することだ。皆、考えてはいるが、本気で実現する気のないこの「機会の平等」を達成するには、他に方法があるだろうか。

フィリップ・ブーバール〔仏、ジャーナリスト〕は、選挙時の世論調査の禁止と並んで、事前広告の禁止も提案している。彼は、こう言っている。「まるで洗剤でも売り出すように、候補者を売り出すようなことはできない。洗剤は、戦争を起さないし、占領時代、敵に協力したりしなかった。ふさわしからぬ勲章をつけたり、不動産の不法売買にかかわることもない。洗剤は、汚れを洗い流すが、政治は汚れをつけるだけだ」

フランソワーズ・ジルーは、ぼくを公然と批難した。「いったい、政党と考えを共にせずに、しかも彼らの政治的立場を擁護することができるものでしょうか」

「私の仕事は、政治思想を持つことではなく、アイデアを出すことです」と、ぼくは答えた。

マルセル・ブリュースタイン＝ブランシェは、ぼくの行為を、消費者への裏切りと決めつけた。彼は、広告マンは政治的な広報・宣伝活動に、いっさいかかわるべきではないと考えていた。洗剤を買う人は、気に入らなければ、すぐに捨ててしまえるが、市民は、議員に不満があっても、五年の任期の間、我慢しなければならないからだ。ぼくの考えは、それとは逆だった。新しい議員が選出されると、選挙民は、まるで新車を買ったドライバーのように喜々としている。不平を言う人など千人にひとりもいない。つまり、「賢明な選択」だったからだ。広告が、誰かに代って選ぶのではない。広告は、より良い選択のためにだけあるのだ。それ以上のものではない。

だがジェリー・デラ・フェミナの言葉には、ぼくも考え込んでしまった。彼は、ニューヨーク広告界の逸材だ。頭をトルコ風に刈り、豊かな髭をたくわえている。彼はたたき上げの広告マンの見本のような男で、彼の経歴は、アメリカ移民の典型だった。喰うや喰わずの七年間に、三十二種の職業を（いつも販売には関係していたが）転々とした。こうした経験をもとに、彼は、同世代の中ではもっともすぐれたコピーを書くようになった。その彼が、ぼくにこう語った。

「以前、こんな実験をしたことがあるんだよ。まずアンケート協力者たちに、こう言っておくんだ。『これからある政治家の宣伝フィルムを、お見せします。映写後、この政治家に投票したいと思う方は、手を上げて下さい』ってね。フィルムには、ひとりの男が登場して、みごとな犬と遊んでいる。かたわらには、妻か女友達がいる。犬を撫でる彼。そこでコメントが入る。この男は、戦争でひどい傷を負ったので、戦争を憎み、平和を強く望んでいる。まさに国が危機に瀕している今、政権をまとめ、国を守れるのは、彼しかいない。コメントは、さらに続く、『彼は、最高の統率力を持っています。彼こそ、あらゆる力をひとつに結集できるのです』フィルムが終ると、全員が手を上げた。私はこう言った『手を上げたままでいてください。皆さんが選んだ人を紹介します。アドルフ・ヒットラーです』このフィルムは、すべて事実に基づいたものだった。ヒットラーは、一九一七年に負傷し、戦争を憎んでいると言った。それに彼はいつも自分の犬といっしょに写真を撮った。コメントは、本物だ。だから広告マンは、絶対に政治家のために仕事をするべきじゃないんだよ」

実のところ、ぼくにはまだ答が見つからない。

フィリップ・ブーバールの方が、正しいのだろうか？

＊

広告マンにとって、政治に近いところに新聞というものがある。

政治家同様、新聞も生き物だ。一方は話し、もう一方は書くという違いはあるが、両方とも自分の主張を訴えるために存在する。一方は選挙民を、もう一方は読者を追いかける。洗剤やコーヒーの場合、クライアントは情報漏れを恐れてこっそりと広告マンに会いにくる。彼は商品調査やテストの結果に自信を持ち、そのことで頭がいっぱいで、市場目標や、流通のことしか話さない。「きっと売れます」と、彼はきまってこう言う。多少の不安はあるが、彼は平静そのものだ。

しかし政治家やジャーナリストは、ふだんから噂をまきちらし、心を弾ませて会いにくる。「私には考えがあるんですよ」 彼らはいつもこうだ。妊娠した女性が、新しい生命の存在にうきうきして、出産まであと九ヶ月もあるというのに、まるでもう子供が生まれたかのように話すのと同じだ。

新聞の発刊ほどすばらしいものはない。しかしこれほど危険なこともない。三紙のうち二紙は廃刊になっているのだ。

モーリス・シージェルとぼくは、以前から真の友人としてよく知り合った仲だった。十四年もヨーロップ1局のディレクターをしていた男と、友達にならない方が不思議だ。それに彼の宣言は、興味をそそるものだった。週末《ウイークエンド》のための新聞という、フランスでも初の試みに挑戦しようというのだ。最初の打合せは、オスマン通りの小さな仮事務所で行なわれた。メンバーは、モーリスと息子のフランソワ、それに彼の妻、要するに家族会議だった。

出会いの瞬間、ぼくの感覚は最高にとぎすまされる。出会いの中には、将来の種を含んでいる。初めての抱擁も同じことだ。それは愛のダイジェスト。そこにはもう倦怠か情熱かが、現れている。初めて交す握手や微笑の中にも、社交儀礼か友情かが、はっきりと感じられるものなのだ。

ぼくは、シージェルという人物を、よく知らなかった。ラジオの仕事では絶対に妥協しないという評判だったので、権威的で杓子定規な人間を想像していたのだが、会ってみると、まったく逆だった。シージェルは、なんといっても声が魅力的だった。マレーネ・ディートリッヒの脚線美、ポール・ニューマンの微笑と同じだ。話す話題によって、彼の声は、ラジオ・ドラマ風になったり、朝のニュースの調子になったりする。激しく、あるいはやさしく、慎しみ深く、ときにはずけずけと、平板に、辛辣に、ロマンティックに、あるいはおどけて……。とにかく彼は、ラジオそのものなのだ。いつもカンガルーのように前かがみになっている彼は、ときにはドゴールが戦争中イギリスからフランス人に呼びかけたときのような調子になる。一語一語区切りをつけた、鼻にかかった歌うようなその声は、まさに説得の武器だ。だがなんと魅惑的な武器だろう。シージェルこそ、「フランス人に呼びかけるフランス人」〔ドゴールの言葉〕なのだ。

彼はまた、とても面倒見のいい男だった。持ち前の気前の良さで、人を引き回すタイプのひとりだ。ちっぽけで愚かな人間がいるように、情熱的な人間というのがいる。彼はまさにその情熱家で、人のためなら喜んで時間をさいていた。いつも一族に取囲まれ、ひとりには意見を言い、もうひとりには忠告を与えている。彼がいなければ、何ひとつ事が進まない。彼は、オフィスを一歩も出ないのに、あらゆるところに存在していた。世界中のニュースが、公表前に電話で入ってくるし、友人、ジャーナリスト、情報提供者たちのネットワークで、ガセネタから特ダネまでなんでも、彼の耳に入った。かつて、ぼくはピエール・ラザレフのオフィスで、こういった仲間内の情報で新聞の一面が作られたり、とりやめになったりするのを見てきた。実際、この二人は驚くほど似ていた。つきることのない情熱と感情の爆発。それに二人は、いつも大勢に取巻かれているにもかかわらず、孤独な船乗りだった。たったひとりで、昼も夜も、新聞の舵をとりながら、情報の海を渡るヨットマン。

だが彼らのレースには、終りがない。報道にゴールなどないからだ。

＊

シージェルは、すぐ本題に入った。

「新しい新聞を出したいと思っているんだ。何かをつけ足した程度ではなく、今までとは違う、まったく新しいタイプの新聞を出すつもりだ。だから広告も、今までとは違ったものが要るんだ。自分で広告会社を作るわけにはいかないが、私のために働いてくれるキャンペーン・チームが欲しい。調査にはジャン＝マルク・レッシユ、マーケティングにはベルナール・ブロシャン。ラジオにはベルナール・ビジャウイを予定している。これに加わってもらいたいんだが」

不思議なことに、シージェルの人選は、ドゥニ・デュフォレイが、プロデュイ・リーブル（自由製品）のために選んだスタッフと同じだった。ジャン＝マルク・レッシュは、IFOP（フランス世論研究所）のディレクターで、彼の言葉は、氷上で燃える炎のようだった。つまり彼は、トロッキーの凍りつくような厳格さと、クロード＝シャブロル監督のような饒舌を持ち合わせているのだ。彼は、コンピューターに親しみ、人間に敬意を払う。エレクトロニクスに精通しているが、一般の人をけっして侮らないのだ。

ベルナール・ビジャウイは、作家、歌手、作曲家、ラジオ番組の演出家、そして興業師でもある。百二十キロの巨体と才能を持った彼は、歌手のカルロスとゼロ・モステルを足して二で割ったような男だ。彼の体には、ショウビジネスの血が流れている。

ベルナール・ブロシャンについては言うまでもない。彼以上の仲間は望むべくもない。

ぼくは、これに加わることにした。ある晩、モーリスは全員を呼び集め、言葉を選びながら話し始めた。『新聞の発刊は、海を泳いで渡るようなものだ。水に入ったら、生き残る方法はただひとつ、流れに乗って泳ぐことだ。『エル』誌は、モード熱とともに生まれた。『テレ・セット・ジュール』誌はテレビの普及によって、『ラ・メゾン・ド・マリークレール』誌は、デザインの波に乗って生み出された。出版界では、その時代の申し子とも言うべきベストセラーが、十年毎に生まれている。今、我々の関心の的は、ウィークエンドだ。イギリスやアメリカの日刊紙が、我々の先駆者、ガイド、アドバイザー、エンタテナーとして、まだカッコつきのこの時間帯のあり方を我々に示している。今出すべきは、週末紙《ウィークエンド・ペーパー》なのだ。私はこの新聞に、もっとフランス的で、レジャー向きのタイトルをつけた。『ヴァンドルディ・サムディ・ディマンシュ』、つまり金曜、土曜、日曜新聞だ』

タイトルというのは、ふつうは四、五字どまりなのだが、改革の精神に富んだ彼が最初に思いついたのは、新聞に「一番長い」タイトルをつけるという贅沢だった。実際、長いタイトルというのは、贅沢なものだ。書くのにスペースをとる。言うのにも時間がかかる。時は、金なりだ。だが、このタイトルには、妙味があった。古い言葉で、新しい内容を表現しているし、そのうえシンプルで、ポピュラーだ。いつも思うのだが、ジャーナリストの師と言われる人は、なによりもまずあたりまえの市民なのだ。富や名誉やいかなるものも、彼とふつうの人々との結びつきを弱めることはできない。彼らはいつでも、簡潔というダイヤの原石を心の奥から取り出すことができる。キャンペーン作りも、これと同じで、心の中にある宝を掘りあてることなのだ。

次にシージェルに会ったとき、ジャン・ゴリーニが仲間に加わっていた。彼とぼくとは、長年の友だ。ぼくは、モーリスの話を引き継いで、話を始めた。

「モーリス、君のネーミング以上のコピーは見つからないよ。週のうちの三日で、すべてを言い尽していいるんだからね。要するに、このタイトル自体に語らせることだ」

「なんのことか、さっぱりわからないんだが」

「ぼくたちの中には、二人の人間がいるんだ。月、火、水、木の男と、金、土、日の男だよ。二人は知り合いだが、絶対に出会うことはない。一方は、ひたすら働き、家にいるのはせいぜい数時間だ。妻や子供と話をするより、上司や仕事仲間と話す方が多い。この男は、やる気満々で、いつも仕事に気をもみ、あわただしく飛び回っている。彼にふさわしいのは、月、火、水、木のニュースマガジンだ。この新聞は、彼と同じようにやる気満々で、情勢の変化に気を使い、あわただしく、仕事中心だ。もう一方の男は、おだやかで、落ち着いていて、優しく、ゆったりしている。金曜、土曜、日曜というのは、家で静かに過す日だからだ。だから彼には、おだやかで、落ち着いていて、優しく、ゆったりした新聞を提供するんだよ。でも君自身の声で語りかけてくれ。君以上に適役はいないからね」

「よくわかったよ」

「メディアは二つ使おう。先行するのはラジオだ。君がラジオを通じて、未来の読者に、なぜこういう新聞を出すのか、そしてどこが今までの新聞と違うのかを説明する。次に市場投入時のメディアとして、ポスターを、一週間のうちに二回、出すんだ。第一波のポスターは、問題提起用で、三枚を組合せて使う。――月、火、水、木には、金曜、土曜、日曜のようには考えない／月、火、水、木には、金曜、土曜、日曜のようには笑わない／月、火、水、木には、金曜、土曜、日曜のようには愛し合わない――第一波のポスターでは、これ以上のことは言わないでおく。これなら誰も新しい新聞のことだとは思わないから、何だろうと思わせて注意を引きつけることができる。第二波で、種明しをする。『金曜《ヴァンドルディ》、土曜《サムディ》、日曜《ディマンシュ》、ウィークエンドのための新聞あらわる』というわけさ」

「呑み込めたよ。だが考える、笑う、愛し合うというのは、つまり生きることじゃないかい」と、シージェルが言った。

こうしてキャンペーンのポスターは、三枚から一枚にまとまった――金曜、土曜、日曜には、月、火、水、木とは別の生き方がある――単純化と言うべきか、あるいは節度の表われか？　いずれにせよ趣味の良さはうかがえる。いったい広告の世界では、どこまで言うと言い過ぎになるのだろうか。セックスの仕方を思い起させるような表現を使うと、挑発したことになるのだろうか？

＊

大きなキャンペーンを打つこと自体は、常々、よくあることだが、しかし毎週となると、天才とは長い忍耐である、という諺以上のものだ。ただ一度の市場投入ではなく、一年に五十二回、キャンペーンを打つのだ。毎週火曜の午後一時に、レッシュ、ビジャウイ、ブロシャン、セゲラのキャンペーン・チームの面々が、サンドイッチを手に、「モーリスのオフィス」に集まる。ぼくたちは皆で、これから出る号を検討して他紙との違いを出し、どの記事が広告にふさわしいかを決めて、ぼくが叩き台を書き、皆がそれを批評して、さらに内容を充実させ、ゴリーニが手を入れ、シージェルが書き改めた。三時までに仕上げ、すぐにぼくとビジャウイとシージェルが、通りを隔てた録音スタジオへ行って、できたてのラジオCMを録音した。

モーリスは、彼の人生のパートナー、マイクの前で、また熱心に推敲した。最高のメッセージを作ろうと、彼はたいてい最後まで居残ったものだ。

録音されたラジオCMは、五時になると、翌日の放送のために、放送局へ運ばれた。単独作業と集団作業が重ね合されたすばらしいキャンペーンだった。モーリスは、何日もかかって、まるで学校の生徒のように、今まで知らなかった広告の原理を学んでいった。たとえ字面は同じようでも、三十秒の広告というのは、三十秒のニュースとはまったく違うものなのだ。元ヨーロップ1局のディレクターは、けっしていい加減なところで妥協したりしなかった。ぼくも、広告マンとして、批評を惜しむようなことはなかった。だからこそ、このキャンペーンは、新聞部門の年間最優秀広告賞を受けることができたのだ。この賞は、業界ではもっとも羨望を集めている賞だ。受賞式には全員が集まった。シージェルの名前とともにぼくたちの名も、読み上げられた。だがぼくたちは、ほんとうの作者シージェルこそ受賞にふさわしいと考え、彼一人を表彰台に上らせた。新聞界の新チャンピオンがトロフィーをかかえて降りてくるときに見せた少年のような微笑みは、この賞が彼にとってなによりもうれしいのだということを物語っていた。

モーリス、いつまでも、ともに歩もう。

*

効果はあったが、採算上、見合わない広告に、名誉を与えてなんとかおさめる方法、それが広告賞というものだ。

それは同時に、敗北宣言でさえありうる。受賞したキャンペーンは（過去十年間で百回ほどあるが）皆、売上げという本当の評価を受けなければならない。そして今回もまた、その運命の時がやってきた。モーリス・シージェルによれば、十六万部が損益分岐点だったが、売上げは二十万部を超えていた。今では、二十五万部に達し、しかも毎週、増え続けている。

ある日、シージェルがぼくにこう言った。「土曜の午後に来てくれ。大株主を紹介するよ」次の土曜日に訪ねると、モーリスのオフィスは、映写室に早変りしていた。大きなビデオ用スクリーンに、ラグビーのフランス対アイルランド戦が映し出されていた。観客席の最前列に、若い男が取巻きに囲まれて座っている。彼は、一見、『ファイナンシャル・タイムズ』の読者というよりも、モデルのような感じだった。試合が終ると、その男が、自己紹介を始めた。

「私がアンパン男爵だ。モーリスからキャンペーンを見せてもらった。私は全面的にバックアップするつもりだが、まずあなた方が、一号一号、いいものを作っていくことが肝心だ。新聞の経営は、ラグビーのようなものだ。それぞれ自分の持ち場で頑張ってもらいたい。これには大金がかかっているが、それだけではなく勇気も必要なのだ」

彼は数ヶ月後に誘拐され、財産とともにその勇気を、身をもって示すことになった。

＊

広告の世界でも、同じような仕事が続くことがよくある。同種のアカウントが、たて続けに入ってくるのだ。

シージェルに週末紙を任されたすぐ後に、今度は大臣のジョゼフ・フォンタネが、日刊紙のキャンペーンでぼくたちを呼び出した。シージェルの週末紙でさえ、成功率がわずか十パーセントの危険な賭けだった。だが日刊紙となると、これはもう気違い沙汰だ。過去二十年間で、どうにか定着したのは、『ル・マタン・ド・パリ』一紙だけなのだ。そのうえ莫大な費用がかかる。多く見積って年間二千万フラン、楽観的に見ても、その半分は必要だ。なんという冒険だろう！　数週間で、百五十人のジャーナリストをかき集め、毎日二十四時間、新聞作りに駆け回る。まさにエベレストを歩いて登るようなものだ。さらに年間三千万フランの費用を捻出するために、五人から十人の出資者を見つけなければならない。となるとエベレストを逆立ちして登るようなものだ。

しかし大臣は、このアクロバット登山のような事業にもまったく動じていなかった。もっとも彼は、山岳地帯、サヴォアの出身ではあったが……。

ふつう大臣というのは、都会人が多いが、ジョゼフ・フォンタネは、山の男だった。忍耐強く、高潔で、彼には山の人間に特有なナイーブさがあった。岩のようにがっしりとした体、ワシのように鋭い目、カモシカの頑固さ。彼は、力と静けさを感じさせる男だった。話が終わって、彼がお付きの人たちといっしょに会議室から出ていったとき、ぼくは、千にひとつのチャンスに賭けてみようと思った。テニスのトーナメントのように、最後まで勝つことも負けることもない戦いだ。翌日、ぼくは大臣に『大統領の陰謀』のフランス語版を届け、それには大臣の訪米に合わせてワシントン・ポストの社主、ベン・ブラッドレイとの会見を手配しておいたという意味の手紙を添えておいた。一ヶ月のあいだ、なんの連絡もなかったが、ある日突然、電話がかかってきた。

「我々がこの仕事を始めるとしたら、ベン・ブラッドレイというのは、わざわざ会いに行く価値のある男なのかね？」

こうしてジョゼフ・フォンタネ大臣は、新聞の発刊と広告会社を決定した。だがこれは、彼の経歴の中で、最大の二重ミスとなった。

そしてぼくが、その片棒を担いだのだ！　ぼくは、完全に判断を誤り、その結果、誤った方向に論理を展開していった。強力なアイデアさえあれば、必ず成功するはずだと。だがぼくはしたいことと、できることを混同していたのだ。『ワシントン・ポスト』は、一朝にして、ひとつかみの金では、できなかったのだ。

フォンタネの資金には限界があった。彼がかかえられる記者は、せいぜい百五十人（『ル・モンド』は三百五十人だ）。紙数も、『ル・モンド』の四十八ページに対して、二十四ページが限度だった。ル・モンドと同じものを二十四ページで作ることはできない。それにどんなに勇猛果敢な兵士でも、百五十人で世界を征覇することは不可能だ。この新聞『ジャンフォルム』の記者陣は、彼らより訓練を積み、戦闘的で装備もいいプロの軍隊に挑む義勇軍だった……。とはいえ『ジャンフォルム』は、期待の快傑ゾロではなく日刊紙のダイジェスト版にすぎなかった。記者陣のメンバーには、ラブロもハリーもセデューイもおらず、ジャン・コーもデスグロープもジャン・ダニエルもクロード・アンベールもいなかった。つまりフランス版ウォーターゲートをスクープできるようなジャーナリストはひとりもいなかったのだ。

泰山鳴動《たいざんめいどう》してネズミ一匹とは、まさにこのことだった。

広告も、空々しいものになっていった。「報道が、言われた通りに書くことなら、私は書かない」、「報道が、政党に与することなら、私は書かない」、「報道が、うわべだけで満足することなら、私は書かない」

だが我々の新聞『ジャンフォルム』と契約した記者の中には、この主張を裏づけるような大物はいなかった。ジャーナリストというのは、プロのフットボール選手と同じで、契約金の多い方へ移っていく。フォンタネには相応のジャーナリストを獲得する時間もなければ、資金もなかった。

キャンペーンのメイン・コピー「報道は、事実を超える」は、平凡すぎた。「ありのままの報道」、「包み隠さずに報道する」というのは、いささか唐突だった。

月世界に案内すると約束しておいて、地球ばかり見せれば、読者は失望するにきまっている。広告は、良いことも悪いことも増幅し、一度はずみがつくと、とどまるところを知らない。まるで停止までに数千メートルもかかるために港に入ることのできない巨大な原子力空母のようなものだ。

フランスのマス広告の中でもっともすぐれたスローガン、「事実を語る勇気こそ、知るための手段」という言葉の価値と説得力を、今ではぼくも十分納得している。このコピーを書いたフランソワーズ・ジルーは、何を言うべきか十分にこころえていた。言いかえれば、このコピーの主張は、アンパン男爵が言ったことなのだ。どうしてそれがわからなかったのだろう。結局『ジャンフォルム』は、七十七号で廃刊になった。この新聞は、三ヶ月のうちに千五百万フランを呑み込んでいた。

＊

失敗は、ガンのようなもの。死にたくなければ、手術して、病根を切除することだ。それも、ただちに。ぼくは、自分のミスを認め、悔恨の手紙をフォンタネに送った。返事には、船を難破させた責任は、この船長ただひとりにあると書かれていた。彼は、ぼくには謙譲と良心を示してくれたが、資金を出した船主に対しては、辛辣だった。最初に投資した後、船主たちは皆、事業から手を引いてしまったのだ。「当初の自己資金、千五百万フランで、我々は船を仕立てて海に浮べた。だが当然あるはずの海上補給が行なわれなかったのだ」彼は、苦しそうにそう言った。

補給活動がどうであれ、この勝負は始めから勝ち目がなかったとぼくは思っている。日刊紙の場合、創刊号で成否が決まるといっていい。だが『ジャンフォルム』の第一号は、まさに死を意味していた。三十万部を見込んでいたのに、売れたのはやっとその半分だったのだ。

問題は、けっして難しいものではなかった。新聞人というよりは政治家だったジョゼフ・フォンタネは、新聞発行のために、友人を何人か説き伏せた。ぼくの仕事は、彼がベン・ブラッドレイになるのを夢みるかわりに、自分の足でしっかりと立つようにすることだったのだ。もっといい人材を集めるために、精一杯、彼に協力し、夕刊紙ではなく、朝刊紙を勧めるべきだった。朝刊紙の方が、三分の一の経費ですみ、手間も半分しか要らないからだ。それになによりも、創刊二ヶ月前の見本紙を見た時点で、『ジャンフォルム』にはまったく新機軸がないことを見抜くべきだった。フランス新聞界でのこの新聞の地位を一言で言えば二流どころだ。だから理想を高く掲げたコピーではなく、こういうキャンペーンにすればよかった。「もしあなたが、毎日一時間半、『ル・モンド』を読まれるのでしたら、たいしたものです！　『ル・モンド』は、フランス一、いや世界一の夕刊紙です。でも二十分しか時間がないし、『フランス・ソワール』の大見出しや細々《こまごま》したトピックス、三文小説では物足りないと思われるのでしたら、新しい新聞をお届けしましょう。毎朝のお好みのラジオ番組を聞くように、気軽に読める夕刊紙です。すばやく、確実で、つねに知性あふれる情報。新時代の新聞、『忙しい方』のための新聞です」

もし『ジャンフォルム』が、こういう新聞だったら、消え去りし夢とはならなかったはずだ。ぼくもそのひとりだが、パリには、こういう朝刊を待つ忙しい人間が、十万人はいると見ていい。だがぼくは、フランス版『ワシントン・ポスト』が流産してから、やっとそれに気づいたのだ。

ジョゼフ・フォンタネ、もう一度やってみるというのはどうだろう？……

広告はほんとうに必要なんだろうか？ 1978年

おれなんか、トランジスターの時代に生まれて、ちょうどよかったね。

――ティエリー・ル・リュロン

〔形態模写師〕

時代は変った。「六八年」から十年の月日が流れ、攻撃的な激しさにかわって、優しさが顔を出し、ニュー・ミュージックとニットウェアが流行っている。もはや革命を夢みる者はいない。あの頃、政治は、あらゆる分野に創造性をもたらしたが、今では犬が小屋に戻るように、それぞれが自分の領分にこもってしまった。フランスの顔を変えるほどの重大な選挙が行われても、二日もたてば忘れられてしまう。

一九七八年、街にはロマンチシズムがあふれていた。ネオ・ロマン主義の作家ゴンザーグ・サン＝ブリが、革命の闘士コーン＝バンディにとってかわり、人々は、春のようにめぐってきた自由を楽しんでいた。ぼくたちもまた、浮き立っていた。というのは共同経営者がまたひとり増えたからだ。フランス人というのは、給料は支払うが、利益を分け合おうとはしない。分け合ったとしても、ごくわずかだ。これがフランス人の悪いところだ。フランス流資本主義は、家父長的で、都合のいい公約は出すが、いざ利益の分配となると、皆、死んだ方がましだと思う。プルヴォーやブーサック、ブリュースタインの会社が、いい例だ。だがぼくたちはちがう。デュマの物語にもあるように三銃士は、四銃士になったのだ。アラン・カイザックが加わった後、ぼくたちはジャン＝ミッシェル・グーダールに声をかけた。グーダールという男は、見たところは少しも広告マンらしくない。ふつう広告マンは、流行のファッションを身につけている。それが時代の要請だからだ。しかしジャン＝ミッシェルは、流行のメタルフレームではなく、ベッコウのメガネをかけ、髪は短く刈り、血色のいい顔をしていた。まさに一九〇〇年代のブルジョワというところなのだ。だが彼の魅力は、我が道を行くというこの姿勢によって、かえって増すばかりだった。ジャン＝ミッシェルと一緒にいると、自分がいつ、どこにいるのかわからなくなる。彼は、なんでもリバイバルさせてしまうからだ。

ジャン＝ミッシェルにぴったりの言葉を、デザイナーでユーモリストのトポールから拝借しよう。「知性は、才能を導く白い杖。この杖なしで歩けば、ひどい目に会う」グーダールは、ぼくなしでは一歩も歩けず、また逆にぼくにとっても、彼は杖なのだ。グーダールに出会ってから、やっと安心して道を渡れるようになった。

彼は、クールな熱血漢だった。中等神学校を出てから、聖母マリア派に帰依した彼は、その厳格な精神から、やはり仕事に厳格さを要求するプロクター・ギャンブル社に入った。運命のいたずらか、アラン・カイザックと同期で、入社日も同じ四月一日だった。ふたりは、ブロシャンのもとや、スティーグ（コーヒーのジャック・ヴァブル社）、デュパスキエ（乳製品のジェルヴェ・ダノン社）、ラスファルグ（ビールのクローネンブルグ社）のところで修業を積んだ。プロクターの人間は、誰でも会社を飛び出したがるものだが、グーダールとカイザックは、会社に残った少数派だった。会社にとどまって、日々、広告の自由のために戦っていたのだ。一方、他の同僚たちは、だれもかれも、経営方針や予算と妥協して、骨抜きにされていた。

グーダールは、常に危険を求める冒険者だ。だがその反面、彼ほど小市民的な男もいない。保守的で、しかも急進的なのだ。このマーケティングの闘牛士は、いつも不安にさいなまれている。戦いを前にして勝利を疑い、神に祈る。だがいったん闘牛場に出れば、もう絶対に後には退かない。

彼の孤独な歩みを一瞬さえぎるのは、興奮しきった群衆の歓声だけだ。

彼の二面性は徹底している。広告という闘牛、つまりこの聖なるスペクタクルを繰広げるとき、彼はツイードのハンティングに、ブロークンチェックの三揃い、オールド・ボンド・ストリートのボウタイといったいでたちなのだ。彼にはラテン人と英国紳士が同居している。そして彼の中にはプロクター・マンと詩人がいるのだ。ぼくが彼に惚れ込んだのは、この洗剤会社の社員の心には、『悪の華』のような詩心があったからだ。ボニュックス洗剤のプレミアムが、ボードレールの詩だったというわけだ。

二人のまったく違うタイプのマーケティングマンが入ったことは、ほんとうに幸運だった。カイザックは田舎のネズミで、グーダールは街のネズミだ。カイザックが岩、グーダールが泉、カイザックが火なら、グーダールは水だ。ふたりは打ち消し合うどころか、逆に燃え上がっていく。メンバーそれぞれの性格の違いが少しも気にならず、ぼくたちはほんとうの意味で補い合っている。これが、ぼくたちを結びつける絆なのだ。

＊

歌手はオペラの作曲、音楽家は映画、映画人は絵画というように皆それぞれ、専門以外の分野で名を残したがる。だが広告マンは、あくまでも広告マンであり続ける。自分の名声を求めたりはせず、自分の手がけた商品の栄光だけを望む。広告マンの夢は、たとえばある洗剤の名を、後世にまで残すことだ。だが洗剤というのは、原油と同じで、どれをとってもたいした違いはない。ぼくが手がけたのは、ウーライトという洗剤だった。広告が持つ魔法の力でこのウーライトを、いかに「差別化」するかが、ぼくたちの課題だった。つまりこの洗剤と他との違いを強調することだ。広告界では、地理上の発見と同じで、最初に足を踏み入れた者に所有権がある。だから競合商品の後ろから「この洗剤には、前のより強力な酵素が入っています」とアピールしても、先行した相手のメリットになるだけで、少しも自分の得にならない。

広告には、こうしたオリジナリティーを守る力が備っているので、真似は逆に、オリジナルの声価を高めるだけなのだ。だからマーケティングでは、他社の気づかなかった商品特性を見つけ出すことが決め手になる。

ウーライトには、濃縮洗剤という絶妙の商品コンセプトがあった。他の洗剤が大箱で売られ、洗う時にどっさり使われていたときに、ウーライトは、ウールやデリケートな繊維専用の高級洗剤として売り出された。これには使用上の注意が二つあった。使う量は、少なめに(これに文句をつける人がいるだろうか)。それと水で洗うこと。常識とは逆だが、大切なのは、洗濯する水の温度より、洗いとすすぎの温度を一定に保つことなのだ。しかしウーライトには、ただひとつ重大な問題があった。価格が、他の洗剤の二倍もするのだ。ここが、広告の腕の見せどころでもあった。

古くからのカンフーの教えに、弱味を逆に生かすというのがある。広告も、また戦いの技術だ。そこでぼくたちは、ウーライトを洗剤のロールスロイス、スターに仕立て上げることにした。めんどうな洗濯仕事より、美しい仕上りを、主婦にアピールする。「汚れを落す」ことはもう忘れて、「もっと美しく」と、歌い上げる。ハンカチに結び目を作ってするテストなど、火にくべてしまおう。

悲しみよ、さようなら、魅力的洗剤よ、こんにちは、というわけだ。

このキャンペーンの結果、びっくりするようなことが起った。洗剤の「ロールスロイス」、ウーライトは、四年間で、シェアの十五パーセントにまで喰い込んだのだ。センセーショナルな売り出しをしたわけでもないし、巨額の広告投下を行なったわけでもない。費用は十分の一だが、その十倍も強力な、洗剤自体の持つパーソナリティで売ったのだ。

＊

広告は、クライアントと広告会社の両者があってはじめて生まれるものだ。不安と期待の混り合った大舞踏会に、招き、招かれながら、広告は作られていく。ウーライトのフランス代表ジャン＝レオナール・ボンゾンは、はじめからぼくたちの心を引きつけてはなさなかった。

さまざまな要素が、彼の中でぶつかり合っていた。外見はヴィットリオ・デシーカとメフィスト、性格はヴィスコンティとオセロの混合。彼の気分は、いきなり晴天から嵐に変る。突発的な激しい怒りにとらわれると彼は何をするかわからなかった。試写用のフィルムを投げつけられたり、試写が始まってすぐ席を立った彼に、予算を打ち切ってピュブリシス社に行くぞと脅されたこともあった。しかし、リスクもコストも高いけれど画期的だという広告計画に対しては、必ず支援してくれた。

だがぼくやボンゾンよりも、もっと移り気で、すぐに頭に血が上る人たちがいた。ウーライトのCFに登場するスターたちだ。健康そのものの主婦が出てきて、「ごらんください。私とはちがう洗剤で洗った隣の奥さんのブラウスを」というのが、この二十年来、言い古された洗剤広告のかたちだった。だがこれにかわって、CFにスターたちが登場したのだ。

アメリカでは、映画やミュージックホールのスターが広告に出演するのは、当り前のことだ。しかしフランスでは、とくにスターたちの間では、まだまだ受け入れられているとは言いがたい。たとえ失敗作でも、一時間半の映画に出るのは幸せだが、広告界の全オスカー賞に匹敵するほどの作品でも、三十秒のCFに出演するのは、彼らにとっては妥協でしかない。奇妙な思い違いだ。でき上がった作品の質が悪ければ、結局はイメージを落とすことになるのだ。質の悪い映画は、キャリアに傷をつけるだけなのだ。だがすぐれたCFは、イメージ・アップにつながる。スターたちが警戒すべきなのは、広告ではなく陳腐さなのだ。映画とは違い、広告では出演者の権利は守られている。きちんとした契約なら、もし自分のイメージにそぐわないと思えば、広告フィルムの発表を拒否する権利があると書かれている。いったいどんな映画プロデューサーが、失敗した場合のリスクを保証したりするだろうか。

アメリカのスターたちは、ここのところをよく理解している。広告に対する反感が消えたのは、もうかなり前のことだ。アメリカでは、広告のベスト・ランキングが発表されるが、七八年のヒット・パレードは、ジョン・ウェイン、テリー・サバラス、グレゴリー・ペック、サンフランシスコの連続ドラマの主人公、カール・マルデンといった顔ぶれだ。彼らが要求するのは、質の高いコンテと、キャッシュの支払い。この二つだけだ。

さて、ウーライトに幸運をもたらしたスターは、シルヴィー・バルタンだった。数人の大スターに、声をかけることはかけたのだが、気取らずに引受けてくれたのは、彼女ひとりだった。だが彼女のアメリカでのキャリアも、広告に対して彼女の目を完全に開かせることはできなかった。話したり歌ったりするのはだめだというのだ。黙ってにっこりというのでは、いいCFコンテはできない。だが幸運にも、彼女は「踊ること」を禁止事項に入れ忘れていた。

撮影には、彼女を手なずけられる唯一の人物、ジャン＝マリー・ペリエを選んだ。彼は、行くところすべてを燃え上がらせる鬼火のような男だ。エキゾチックだが、根っからのパリっ子で、彼の人指し指はいつも激しくシャッターと反応する。生まれつきのくせ毛をきちんとなでつけ、だれもが思わずうちとけてしまう微笑みをたたえながら、彼は仕事に飛び回っていた。彼のファッションは、まるでネオンのようだった。計算されたものとはいえ、赤、黄、緑といった強烈な色やくすんだ色が、混ざり合わずにそれぞれ自己主張するので、目がちかちかしてしまう。ボクサーシューズに、スリムなズボン、チョッキのかわりにマルチカラーのTシャツ。彼は、まさに広告界の天才軽業師だ。

用意したシナリオは、こうなっていた。まずカメラは、レオタードにアンゴラのセーターで踊るシルヴィーをとらえる。そばでニューオルリンズ風の黒人ピアニストが、彼女を見ながら演奏している。最後のカットで、彼はカメラの方を振り向き、独特のしゃがれ声で、こう言う。「シルヴィーのように、ウーライトを使ってみたらどうだい」

「もっと白く」という常套句は、「もっと黒く」に変った。

ぼくたちは、プレジダン・ウィルソン通りにあるバルタンとアリディーの家まで行って、最終的な合意をとりつけた。二十歳のころに『サリュ・レ・コパン』をコンサートで歌うシルヴィーを聴いた人なら皆そうだが、ぼくも彼女の熱烈なファンだった。ぼくたちが訪問したのは、ちょうど昼頃で、彼女にとってはその時刻は、まだ夜明けだった。アパルトマンの趣味は、まあまあ、悪趣味の一歩手前というところだった。シルヴィーは起きぬけで、顔色がさえず、髪もばさばさで、ぼくのイメージはすっかり崩れてしまった。だが近くで見ると、彼女の顔には、交通事故の傷と人生の両方を克服した輝きがあり、美しさがにじみ出ていた。シルヴィーは、じゅうたんの上にじかに座ると、すぐ本題に入ってきた。「ウーライトのことを話して」と、彼女はかすれた声で言った。

ジャン＝レオナール・ボンゾンは、さっとまじめな顔つきになった。彼には、この言葉は『聞かせてよ、愛の言葉を』と同じなのだ。眠っていたスターをわざわざ起し、そのスターが「あなたの洗剤のことを話して」と言うのだ、洗剤メーカーにとって、これ以上の愛の告白はない。ぼくは、もう一度、ボンゾンを惚れ直すことになった。彼はマノンを思うグリューのように情熱をこめ、またユーモアとやさしさをこめて、ウーライトを紹介し、シルヴィーの心をすっかりとらえてしまったのだ。ウーライトはその効果を発揮して、まずシルヴィーをもっと美しくした。

とはいうものの撮影には、不安があった。ブリジット・バルドーが最初のCF撮りのとき、ひどく機嫌を損ねたので、ぼくは今度の場合も、最悪の事態を予想していた。このバルドーのエピソードは、まさにフランスの悪しき見本だ。カーティング社の創立者、アンドレ・ファレは、パンタロンの売出しに際して、ブリジット・バルドーの野生的なエロティシズムを使おうと思いついた。二、三人の人間を間に通して、彼は三十万フランの契約金を提示した。だがバルドーの返事は、「百万フラン。この条件をのまないなら、契約はしない。返事は二十四時間以内に出すこと」だった。アンドレ・ファレは、ものの十分で、承諾することに決めた。

これほどのギャラを提示されたら、他の人間ならため息が出るところだが、ブリジット・バルドーは別だった。彼女は、撮影前の打合せにはまったく顔を出さず、撮影当日に、わざわざアンドレ・ファレ自らが小切手を渡したが、それもバルドーは、どうでもいいといった感じで受け取った。そのうえ撮りなおしがあれば、たった二回までで、それも四時間以内に切り上げるようにと要求してきたのだ。ファレは、もう二度とブリジット・バルドーを使わなかった。

だがシルヴィーは、駄々をこねたりはしなかった。イエイエのときからの知り合いで、スターのカメラマン、ジャン＝マリー・ペリエに再会できたのを喜んで、彼の要求通り、撮影に全精力を注ぎ込んでくれた。二人の共同作業で、すばらしいＣＦができ上がり、ウーライトの知名率は、記録破りの五十二パーセントを記録した。

ちなみにフランスの平均は、二十三パーセントどまりだ。

＊

ツバメが一羽飛んでも春にはならないように、広告もたった一作では意味がない。毎年、成功をおさめること、さもなくば失敗だ。

インパクトや好感度のわずかな低下も、売上げにひびいてくる。息の長いキャンペーンの基本は、独自なコピーと商標の市場イメージを作り出し、広くゆきわたらせることだ。そのために、単なる反復に陥らないように、イメージを繰り返しアピールする。たとえばディム社のように、十四年間、同じ曲を使い、ビジュアルだけを変えていくのだ。

アメリカ広告界の闘士、ワーリングとラロッサのふたりは、契約がとれそうなクライアントが来ると、最初に手がけたおもちゃのフィッシャー・プライス社向けに作った、過去十年間の二百におよぶコピーを並べてみせる。そこでこう言うのだ。「最初に作ったコピーがどれかわかりますか。あなたが、当てられない方に、私は千ドル賭けます。もしご一緒に仕事ができれば、十年後には、おたくの製品でこれと同じようなデモンストレーションをしてみせますよ」

ウーライトのCFに、スターを起用したのには、持続性という利点があった。だが逆に毎回、違うスターを使うのは、新たな賭けでもあった。視聴者が、ウーライトのイメージを受け入れてくれるかどうか。しかも彼らの審判は、絶対だ。

アメリカで、「シュワッ」というペリエのミネラルウォーターが市場投入されたとき、マーケティングのエース、ブルース・メリンズは、でっぷり太ったオーソン・ウェルズと、どう見ても節制しているとは思えないリチャード・バートンを、広告に起用した。ペリエの売上げは、一九七五年には三百万本だったが、一九七八年には一千万本に達した。心理作戦が成功したのだ。一方、ジョン・ウェインを起用したアスピリンの広告は、大失敗に終った。アメリカ人は、オーソン・ウェルズやリチャード・バートンが肝蔵を気にするのはいいが、国民的カウボーイ、ジョン・ウェインの頭痛は、受け入れないのだ。

＊

ウーライト二番手のスターは、ジェーン・バーキンだった。監督は当然、彼女の熱烈な崇拝者、セルジュ・ゲインズブールだ。彼は、現代の偉大な詩人のひとりと言っていい。詩が、韻文としてではなく曲といっしょに歌われ、文学サロンにかわってテレビが登場した現代の詩人だ。彼はランボーやボードレールの後継者であり、ボリス・ヴィアンやジャック・プレヴェールに匹敵する才能を持っている。サンジェルマンにある彼の家を訪れたとき、ぼくはなぜかプレヴェールに会いにピガールへ向ったときと同じ心の弾みを覚えた。違うのは、時間だけだった。プレヴェールは、朝日とともに起きる昼の鳥。しかし、ゲインズブールの一番好調なときに会いたければ、真夜中に行くしかない。彼が冴えてくるのは、ちょうどこの頃だ。そのときの彼は、ふつう人が考えているのとは、まるで反対だった。人は彼を悲観的で暗いと思っているが、ほんとうは優しく、ユーモアがある。また退廃的でいい加減だと思っている人も多いが、彼は理想主義者だ。しかもあくまでプロとしての厳しさを崩さない。それに狡猾で、醜男だと思われているが、実はナイーブでハンサムだ。そして詩人だと思われているが、やっぱり詩人だ。

ゲインズブールが作った作品は、広告というよりはむしろ恋人へのオマージュだった。ウーライトのためではなく、ジェーン・バーキンのための二十秒だ。知名度は、五十六パーセントで最高だったのだが、売上げの方は、最低だった。

恋にはやはり限界がある。

その後を引継いだのがブリジット・フォッセーだったが、売上げはぱっとせず、ロミー・シュナイダーになってやっと、遅れを取り戻すことができた。まさにソリのように快調なすべり出しだった。実際、ウールのコートにくるまった彼女が、クールシュヴァル〔冬の高級リゾート、スキー場〕の近くにこしらえたツンドラの雪道を、ソリに乗って走るのだ。だがこのソリのシーンは、すぐにロシアンルーレットなみの危険をはらんだ。

十二月の山で晴天を待つには、自分の運を信じるか、それとも鉄のような神経が必要だった。降り続く雪のために、撮影スタッフが全員、ホテルにカンヅメになってしまったのだ。かかる費用は、一日六万フラン。『エマニュエル夫人』のカメラマン、スズキが東洋人らしい落ち着きを見せて、天気を占っていた。到着したときには一面の銀世界だったが、引上げる頃には雨が降って、あたりは泥だらけになってしまった。

雲行きがあやしいときは、我らがスター、ロミー・シュナイダーのご機嫌の方にもぼくたちは目をつぶることにした。

空港まで、この美しい女性を迎えに行ったとき、陰気そうな紳士が一緒だった。この無口な紳士の役割は、すぐにわかった。スターである妻のために、いつでも、どこでも、白ワインか、シャンペンのブーブ・クリコを注いでやることだ。彼の名は、シーザーといった。撮影が終り、ラッシュを見たとたんに、ぼくたちの不安は消しとんだ。かつて彼女が演じた、穏やかで輝くように美しいロザリーの再来だった。撮影前には、苛立って、老けてさえ見えるのに、スクリーンに現れた姿は、若々しく輝くばかりなのだ、人によっては十歳も若返ったり、あるいは十歳も老けて見えたりするのだから、フィルムというのは、なんと不公平な魔法なのだろうか！

ディレクターは、イヴォン＝マリー・クーレ。もし家庭的な父親が、冒険者になれるものなら、クーレは、さしずめキャプテン・クックだろう。今日はニューヨーク、明日はサンドイッチ諸島、行く先々で結婚し、八人の子供を作った。彼は、リスクの多い仕事でも安心して任せられる数少ないディレクターのひとりだ。

　寒さのせいか？　アプルモンの白ワインがお気に召さなかったのか？　それまでは完璧なプロ意識で通していたロミーが、突然、もう一言もセリフは言わないと言い出した。海賊クーレは、今度はサンタクロースになったり、歌を歌ってみせたり、マルセル・マルソーばりのパントマイムまでやってみせたりしたが、効果がない。外野が多すぎるのだろうか？　彼はロミーの手をとってどこかへ消え、ぼくたちは寒いなかで靴を踏みならしながら、十五分も待たされた。やがてふたりは中学生みたいに笑いあいながら戻ってきた。そしてロミーはちゃんと台詞をしゃべったのだ。

　どうやってロミーを説得したのか、いくら聞いても彼は白状しなかった。

　名人は、けっして秘儀を明かしたりはしないものなのだ。

　次のマルレーヌ・ジョベールも、順調にいった。彼女は信頼できる女優で、人生や映画と同じように、広告もまじめなものとして扱ってくれた。彼女にこれほどの意欲と、熱意があったとは思わなかった。スクリーンの花は、実りをもたらしてくれた。マルレーヌは、最初の三、四本のコンテを拒否して、意地悪くこう言った。「できのいい生徒なら、これよりもっといいものが書けるわよ。大芝居を打つか、でなけりゃ何もしないことね。スターがいるからフィルムができるんじゃないわ。フィルムがスターを作るのよ・ビリー・ワイルダーが、あるときこう言ったわ。『女房のおかげで監督になった奴がいるし、女房の反対にもかかわらず、監督になった奴もいる。俺はシナリオのおかげで、監督になった』ってね。これが彼の成功の秘密なのよ」

＊

一九七八年は、いつまでもだらだらと続いて、いっこうに終りそうもなかった。カレンダーの進み具合が遅くなるのは、志気が低下していく前兆だ。ある日、たった一滴の水で、一杯になった心の瓶から悔恨があふれ出す。心の中で不満がくすぶっていた。きのうまでは喜びに燃えていたというのに、炎は急速に衰えていく。気をつけるんだ！　危いぞ！　風が吹けば、鬼火となって燃え上がるだろう。

嵐は、リーブザルトからやって来た。リーブザルトは、ペルピニャンから十キロほど離れたワイン造りの村だ。当時学生だった両親があちこち動き回ったせいで、ぼくは偶然、パリで生まれた。だがほんとうの出身地は、この村だ。ぼくは、南仏の太陽に照らされたなだらかな丘から生まれた。この丘が、腕白小僧のけんかや、ブドウの取入れ、初恋の味を教えてくれたのだ。この地こそ、ぼくの故郷。ぼくは、ここで戦い、仕事、女性という人生で一番大切なことを学んだ。だからリーブザルトのワイン組合から広告の依頼があったとき、ぼくは血のつながりを感じて、この契約を結んだ。

わが地方特産のワインには、自然の力があふれている。岩地と照りつける太陽から、力と健康のワインが生まれたのだ。味は、ライバルのポルトと同じように自然でまろやか、発酵もすべて自然のまという数少ない本物のアペリティフだ。このワインは、ボルドーやシャンペンのように、その土地だけで作られ、そこからあえて出ようともしない。マルティニやチンザノなどが、その土地から離れ、工業化されているのとは反対に、リーブザルトは土地の手造りワインなのだ。祖先のスペイン産ワインとともに、世界の神酒《ネクター》と呼ばれるにふさわしいワインなのだが、残念なことに安い酒税のせいで、貧乏人のアペリティフだと思われている。収穫したブドウの中で一番良いものがこのリーブザルトのために使われ、残りが他の大手メーカーに回されているのだが、商品というのは、製造過程よりも値段で判断されてしまうものなのだ。

だからぼくは、リーブザルトに上品なイメージを与えることだけを考えた。キャンペーン開始は、一九七六年。商品コンセプトは、シンプルで消費者本位のワインというものだった。ぼくたちは、ワインを食前酒《アペリティフ》として飲むことを勧め、この新しい習慣は、だんだんとフランス人の間に広がっていった。広告には、この地方出身のダニーや、ナタリー・ドロン、ピエール・チュルニア、ジャン・リシャール、ギー・リュクスなどが次々に登場して、リーブザルトのプーシュおじさんと杯を交した。日に焼けた顔に、たくましい腕。気のいいカタロニア人、プーシュおじさんは、リーブザルト・ワインのキャラクターになった。

だがワイン業者たちは、まだ半信半疑だった。広告の世界は彼らには縁遠いものだったし、宣伝など、彼らにとってはウールの靴下ほどの役にも立たないものだった。ぼくは一九七八年からは、劇場広告用CFの製作も開始しようとした。イメージをもっと深く浸透させるためには、青年層や都市居住者、高額所得者などにアピールする必要があると思ったからだ。劇場広告は、それにうってつけの媒体だった。観衆は、スクリーンに釘づけになっているし、CFを受入れる率も高い。アンケートでは、映画好きはまた、広告好きだという結果がでている。ぼくはまずこの計画を、リーブザルトの代表者会議にかけた。キャンペーンには、新しいスターが必要だった。広告マンというのは、どうしても自分の夢みる広告を作りがちだ。ぼくの選んだヒーローは、フランク・シナトラだった。あの甘い低音と、人間味を感じさせる渋さがなんともいえない。彼の歌う『マイウェイ』に、ぼくは自分の姿を見てしまう。彼の失恋の酒には、自分の恋の痛手を感じる。One more for the road!

ぼくは、ハリウッドにこの大スターを訪れた。彼は話を聞くとどっと笑い出したが、内容については引受けてくれた。

シナリオの設定は、プール付の別荘。バックには、ブレイク・エドワーズ流の「パーティ」。黒いタキシード姿の白人、白いドレスの黒人女性、グレーのスーツ姿のプロデューサー、肌もあらわなスターの卵たち、そしてウイスキー・ディスコ。手前の正面に、シナトラとおじさんが立っている。シナトラが、その黄金の声で話し始める。「フランスの皆さん、こんにちは。私は二つほど皆さんにおたずねしたいことがあるんです。私にはどうもわからないのですよ。フランスには、幸せがすべてそろっている。フランスの女性は、世界一だし、フランスには最高のワインがあります。それなのに皆さんは、アペリティフに何をお飲みですか？　まがいもののアメリカの酒ですって。ここハリウッドでは、何が飲まれているかご存知ですか？　リーブザルトですよ。あなた方の国、フランスのぶどう園からとれたワインです。皆さんは、ぶどう畑や、ワイナリーの持ち主をご存知ですか？　では私の友人をご紹介しましょう。プーシュおじさんです。今、私たちは彼の作ったアペリティフを楽しんでいるところです。フランスの皆さん、残念ですが、どうぞウイスキーでも飲んでいてください。私たちは、リーブザルトです」

ぼくは計画を話し終ると、反応をうかがった。審判は、下った。ひとりのブドウ園主が手を上げて、こうたずねたのだ。「ふらんく・しなとらっちゅうのは、誰かね？」

ぼくはこれにくじけず一週間後には、また新しいキャンペーン案を持って行った。次のCFには、バラードを使った。ジェラール・ルノルマンが、ぶどう園の真ん中でピアノを弾きながら、リーブザルトの人たちに歌いかける。皆、仕事の手を休め、ピアノの周りに集まって、リフレインを歌い出す。

「一緒に歌おう。幸せのバラードを……」

撮影にあたって、アート・ディレクターのリシャール・レイナルが、自分でカメラを回したいと言い出した。だが彼は今まで一度もカメラに触れたことがなかった。ぼくは、あえてリスクを冒して、彼にチャンスを与えた。もちろん反対はあった。撮影には四十万フランかかっていたし、契約では技術的な手落ちがあった場合、リテイクの費用は我社が負担することになっていた。

リシャール・レイナルは、制作担当では型破りな男だ。不愛想な不良少年といった感じの彼は、会社中でもっとも洗練されたキャンペーンを作り出してくれる。彼は自分で建てた郊外の家に住んでいた。冬にはいつも、競走馬に二時間は乗ってから出社し、天気が良いと、家から会社までの四十キロを朝晩、自転車で往復する。つまり彼は、ディレクター兼コピーライター兼自転車選手というわけだ。そして明日のベルトルッチ監督になれるかもしれない。彼の制作したフィルムは、まさにベルトルッチの『一九〇〇年』調、大地の歌だった。

広告マンが、自分の手でCFを作る時代がやって来たのだ。

*

しかし、ぼくたちは、ついていなかった。それどころか悲劇だった。ぼくたちは、この歌の使用権をマネージャーを通じて買ったのだが、実はすでに他に売り渡されており、彼はそのことをすっかり忘れて、使用権を二重に売ってしまったのだ。弁護士どもが騒ぎたてた。かまうものか！　消費者は、ぼくたちの味方だった。売上げも、なんとか持ちこたえていた。ぼくは、ぶどう園の人たちが歌うこの愛の讃歌のおかげで、広告というものになじんでもらえると思っていたのだが、結局、反感をかっただけだった。そんなとき、妙な使いがやってきて、賄賂を要求してきた。ぼくは、これをきっぱりと断った。ワイン作りに、けちな取引きは通用しない。しかしそのために、ぼくは批難の矢面に立たされることになった。自分の好き勝手にフィルムを作り、生産者を欺した。安易に金もうけを企らんだ。地元にはちっとも顔を出さなかった……等々。結局、アカウントは打ち切られてしまった。

礼を言われるどころか、お払い箱になってしまったのだ。

こんなとき、編集者のロベール・ラフォンの話が、せめてもの慰めになった。彼は、ダヴィドフの名で、知性とセンスあふれる葉巻のガイドブックを出版した。数ヶ月後、葉巻王ダヴィドフから招待状がとどいた。「おかげさまで売上げは倍増いたしました。どうぞお越しください。差し上げるものがございます」　ラフォンは、興味をそそられ、胸をときめかして、さっそくジュネーブに向った。その後でダヴィドフの邸に着くと、葉巻王は、何百箱もの貴重なコレクションを彼に見せた。その後でダヴィドフが取り出したプレゼントは、ごく普通の葉巻が、たった二本だけだった。

ジルベール・ベコーの歌う『孤独』と同じで、感謝などどこにもありはしないのだ。

＊

この程度の失敗は、好調だったこの年に支払う、わずかな税金のはずだった。だがぼくの胸には、グサリと突き刺さった。今までしゃにむに仕事をしてきた疲れだろうか、それとも成功につきものの悪癖なのか？　ぼくは、すっかりうろたえてしまった。

広告そのものに嫌気がさして、ぼくは会社にも出なくなった。たまに行っても、悪態をついたり、たわごとを言うだけだった。そのうえ、何の責任もないクライアントにくってかかったりした。ぼくと会社との関係は、すぐ険悪になった。ついにぼくは、退職を申し出た。そんなときのベルナール・ルーは、まさに「嵐の中で冷静な」司令官のようだった。たとえ空が落ちてこようと、決して空を見上げたりしないことが、長たる者の資質というものだ。

「したいようにするんだね。でも最終的な結論を下すまでに、しばらく時を置くことだ。君は貞節であろうとして疲れ切った夫というところだよ。思いきって浮気をしてみるんだ。しばらく広告を裏切るしかないよ。そうすれば、広告が君にとって本当に必要なものかどうかわかるだろう」ルーは、穏やかにこう言った。

ぼくは捨て身で、昔恋したテレビの世界に飛び込んでいった。六回シリーズで、写真家ジャック＝アンリ・ラルティーグを取上げた番組の企画を、アンテーヌ2局に持ち込んだのだ。番組は、ラルティーグと親交があり、彼の写真を撮り、彼のことを書いている人物が、彼の世紀の伝説をつづっていくものだった。

準備をすすめていくうちに、ぼくはマルセル・ジュリアンと出会った。彼は以前、放送局のマネージャーだったが、今は編集者に転身している。ぼくは、ラルティーグの回想録の出版も企画していたので、彼の五十冊におよぶノートを整理して、編集していかなければならなかった。写真家であり作家である彼は、一日五ページずつ、なんと七十年間にわたって書き続けていた。厖大《ぼうだい》な量だ！

マルセル・ジュリアンは、見るからに何でも打ち明けられそうな人だった。彼になにくれと話しているうちに、ぼくは自分の気持ちをすっかり告白してしまった。

「仕事をやめるべきではありませんよ。私にも経験があるんです。なにもかも煩わしかった。変りばえのしないいつもの仕事に苛立って、テレビ以外の仕事をどうしてもやってみたくなったんですよ。だがジャン・ゲーノの言葉が、私を立ち帰らせてくれました。『ジュリアン、だれにもやめる権利はない。たとえまわりが卑劣で下らない連中ばかりだとしても。君はきれいごとを言ってるだけだ。出ていくということは、他人に席を譲るということだ。もっと愚かで、卑劣で、腹黒い男がそこに居座るかもしれない。ジュリアン、責任は重い。荷が降ろせるのはずっと先のことだ』」

＊

ジュリアンは、核心をついていた。だが癌が心に巣喰った以上、いったい何ができるというのだ。体の中にいる悪魔が、生きる活力を喰いつくしていく。ぼくは自分で自分の首を締めていたのだ。このセゲラの降伏が近いことは、業界に知れわたっていた。競合相手たちは、ぼくの弱気に乗じて、こぞって我社のクライアントに大攻勢をかけ、獲物を奪い合った。我社が、財政的危機に見舞われているという噂までたった。それはまったくのデマだったが、徐々に人々の間に広まっていったのだ。

＊

一九七八年は、ぼくたちの「六八年の五月革命」となった。しかし期待していた美しき人生の訪れなどはなく、やってきたのは絶望だけだった。栄光の年は、恥辱にまみれた。しかしその張本人は、このぼくだった。「幸福とは、仕事への情熱だ」とスタンダールは言ったが、そんなものはどこにもなかった。「穴を掘って、掘って、掘り続け、地球の底まで行ったなら、前よりちょっとはマシな頭になるだろうか」これは、マキシム・ル・フォレスティエが、クリスマスに歌った歌だ。

メリー・クリスマス！

アメリカ上陸作戦

1979年

十人の賢人が何もしないよりは、バカといえども歩き回る方が、値打ちがある。

——ジャック・オーディベルティ

〔映画監督〕

一九七九年の元旦に、ヴァレリー・ジスカール・デスタンは、年頭の挨拶を行なった。「今日は、二つの年が出会う日です。思い出が過ぎ去り、希望がやってくるのです」

まさに時代を象徴した言葉だ。つまり大統領までが、詩人になったのだ。それにこの言葉は、ぼくの人生をも象徴していた。ぼくは、こうしてやる気を回復した。「政治の世界で、絶望ほどばかげたものはない」モーラは、自分の楽天家ぶりを人にとやかく言われると、きまってこう答えた。競合広告会社の大攻勢が始まり、皆、ぼくの敗走を待ちかまえているかと思うと、かえって戦闘意欲が湧いてくるものだ。

ぼくが完全に調子を取戻すことができたのは、ジャック＝アンリ・ラルティーグのおかげだった。ルイ・ヴィトンが、創立二百五十周年に記念出版を企画し、ぼくと彼が組んで、その準備にあたった。ぼくたちは、二百五十年の歴史を写真でつづり、イメージの集大成を作り上げるつもりだった。

ラルティーグの三十万枚の作品の中から百枚を選び出すことになり、ぼくは、二週間毎日、昼過ぎにラルティーグの家に通い、二人でその作業を進めていった。まるで彼自身の人生をめぐっていくようだった。一枚一枚の写真に、彼がいた。それは不思議な発見の旅だった。サントス・デュモン、ブガッティ、マレーネ・ディートリッヒ、サシャ・ギトリー、コクトー、ピカソ、そして、ケネディまで、ぼくは猛スピードで駆け抜けた。偉大なる世界一周、二十世紀のバラードだ。

ラルティーグのつややかな髪と壮健な体は、まさに老いに対する挑戦だった。若さの秘訣をたずねると、彼はこう答える。

「毎日、三十分体操して、一時間歩く。どこにいようが、何をしていようが、これだけは欠かさないね。みんな無理だというが、私はもう六十年も続けてるよ」

だがこれだけでは、答の半分でしかない。彼が老け込まないのは、愛があるからだ。彼は、人生の一瞬一瞬、現在、過去、未来、そして愛を愛している。

「あんたがた若い人たちは、人生の意味を見失なっているよ。社会を批判し、仕事を嫌がり、人間を憎んでいる。愛することさえできなくなったら、あとになにが残るのかね」

彼の言葉は、三度目の妻、フローレットの存在によって、ますます説得力を増す。二十七歳年下の妻はまた、娘であり、愛人であり、手仕事からマネージメントまでこなす彼の片腕だった。彼女は、まるでキジバトが木のまわりを飛び回るように、彼のまわりを飛び回っていた。夫婦というのは、ふつう似たもの同士か、どちらかが相手の人格を吸収してしまうものだ。だがラルティーグ夫妻にかぎっては、二人は二人でありながら、ひとつに結ばれている。妻は風、夫は岩のようだった。

ラルティーグの淡いブルーの目は、ロマンティックな青年を思わせた。彼と目が合っただけで、心がひとりでに静まっていく。人は握手をするとき、手を差出すが、彼は眼差しを投げかける。大統領がときおりエリゼ宮を抜け出して、ポトフとチーズをご馳走になりに、ロンシャン通りにある彼のしゃれたアパルトマンを不意に訪れる気持ちがよくわかる。

ある日、ラルティーグがこう言った。「わしは、最高の人生を送ったよ。友人たちの写真を撮ったが、期待通りの仕上がりだった。いいかい、わしが写真を撮ったのではない。写真の方が、わしをつかまえたのさ……」

ぼくはそのとき、最初の職業だった薬剤師のことを思い出した。毎日毎日、病人ばかり見ている暗い仕事だった。次の仕事はもっとひどかった。ジャーナリストというのは、破局《カタストロフ》しか報道しない。だが今の仕事は、幸福を売ることができる。それなのにどうして幸せが見つからないのだろう。広告をやっているなんて、母さんには言わないでくれ。安酒場のピアノ弾きだと思うから。広告というのは、消費社会の吹き溜りでピアノを弾いているようなものだ。だが演奏というのは、もともと楽しいものだ。我が恩師ピエール・ラザレフが、最後にマルセル・ブリュースタイン＝ブランシェに会ったとき、印象深い言葉を残している。

「マルセル、俺は死ぬのが恐いんだよ」と大ジャーナリストが言った。

「だれでもそうさ、ピエール」

「ほんとうに恐いのは、死ぬことじゃない。死んであの世に行ったら、さぞかし退屈だろうと思ってね」

＊

ラルテイーグのおかげで、ぼくは気を取直すことができた。あとはルノー社のピエール・ドレフェスの言う「未練をふっきる」ことだけだった。それには、行動こそが唯一の薬だ。ぼくは、座右の銘であるオーディベルティの言葉を行動の指針にした。「十人の賢人が何もしないよりは、バカといえども歩き回る方が、値打ちがある」ぼくは、新たな戦いを求めて歩き始めた。

偶然のきっかけと当然の成行きから、戦いの火蓋は切って落された。

アメリカ広告対ヨーロッパ広告のテーマで、講演の依頼があり、ぼくは会議場のマドリードに飛んだ。ぼくの講演は、「US、ゴーホーム」と題したもので、聴衆は皆、唖然として聞いていた。

「たくさんの広告関係者の方々にお集まりいただいたこの機会に、私はぜひ『ヨーロッパの広告マンよ、武器をとれ』と申し上げたい。これは、宣戦布告です。我々は、いったい何なのでしょうか。アメリカ広告の植民地、ユニーク・セーリング・ポイントというお題目に支配された後進国、プロクター・ギャンブル社流マーケティングの奴隷じゃないですか。今こそ立ち上がる時です。我々の母、アメリカ広告のヘソの緒を断ち切り、父を殺すのです。バーンバッグ、オグルビー、ヤング、ルビカムを倒そうじゃありませんか。我々の文化、言語、生き方、なにひとつ、アメリカのおかげをこうむってできたものなどありません。アメリカン・ウェイが、我々の方法にならなければならない理由は、まったくないのです。我々ひとりひとりの中に、ロビンソン・クルーソーがいるのです。フライデーのような奴隷根性は捨てようじゃありませんか。

ヨーロッパ広告界に、革命を起すのです。フランスが、アメリカに対して行なった最高の広告は、自由の女神像です。我らが父バルトルディーとエッフェルに万歳三唱です！　偉大な先人にふさわしい後継者となるべきです！」

しかし、会場の反応は冷たかった。

冷やかな笑いと、むっつりとした顔が見えるだけ。まさに四面楚歌だった。ぼくは、前夜、街のキャバレーで見たベルギー人の芸人のことを思い出して、勇気をふるい起した。「わたしは、ベルギー人なんですよ、でも間抜けじゃありません……」もっとも彼は客を笑わせただけだったが。

事は、それだけではすまされなかった。パリに帰ってから、ぼくは再び競合広告会社の攻撃を受けることになった。戦いをしかけてきたのは、あのベントレーでやってきた男、ジャン＝クロード・ブーレだった。我社の創立当時、彼に参加を呼びかけたのだが、彼はその申し出を断り、今では最大のアメリカ系広告会社、ヤング・アンド・ルビカム社のフランス代表になっている。アメリカとは直接、結びついているのだ。彼が、ぼくをアミン・ダダだときめつけた煽動的な記事を書いたことで、我社の連中が腹を立て、ついにぼくたちは戦闘開始を決意した。そこでぼくは、さっそくアメリカに行くことにした。

ナポレオンは、戦いに入る前に必ず各国との同盟関係を調整した。ぼくの太平洋横断も、まさにこのためだった。ぼくは、ニューヨークに着くとすぐ、ビル・トラゴスに電話をかけた。トラゴスは、ニューヨーク広告界の立志伝中の人物だ。六〇年代に、アメリカ流マーケティングの先駆者としてヨーロッパに乗り込み、今度は、会社のオーナーになってアメリカにカムバックをはたした。もしアメリカ人なら、これは普通のことだが、彼は本当はギリシャ人なのだ。

彼は、それぞれの民族から特有の血を受け継いでいる。ギリシャ人の金銭感覚、ヤンキーの組織力、フランス人の言葉のセンスだ。三つの血は混じり合っても、打ち消し合うことはなく、それがかえって彼の魅力になっている。彼の唯一の欠点は、オンザロックを好んで飲むこと。つまり氷のような男なのだ。

彼がフランスにいた期間も短かったが、フランスでの成功もまたつかの間だった。彼はまずフランスで成功をおさめると、ヨーロッパ中に支社を作っていった。しかし社長のいない本社では、しだいに経営が悪化していった。ふつうなら本社に戻って経営を立て直すところだが、トラゴスはフランスを去り、アメリカに戻っていった。先手を打って逃げ出したのか、それとも前衛的な戦略なのか。それは、彼の未来が教えてくれるだろう。

トラゴスは、ぼくがニューヨークに来たと知って、少し驚いたようだったが、すぐその日に、マジソン・アベニューの二九二番地に来るように言った。マジソン・アベニューは、家具のサン・タントワーヌ通り、服飾のサントノレ通りと同じ、広告業界の目抜き通りだ。約束の場所に行く途中、そこが路上だということに気づいて、ぼくはちょっとびっくりした。彼はいったい何をしようというのだろうか。ぼくが好奇心を丸出しにしてそこに行くと、トラゴスはそわそわしながら待っていた。

「このビルを見たまえ」そそくさと握手を交すと、彼は話し始めた。「これが、アメリカ第一の広告会社、ヤング・アンド・ルビカムのビルだ。二十七階の左から数えて五番目の窓が見えるかい？ わたしは十五年前、あそこから出発したのだ。じゃ、ついて来たまえ」ぼくたちは、通りを隔てた向い側のビルに入った。エレベーターは、二十七階で止った。まるでヒッチコックか、ビリー・ワイルダーの世界だ。そこは、工事の真っ最中だった。彼は木屑をまたいで、ぼくを窓際まで連れていった。

「ここが、これから私のオフィスになるところだ。ちょうど出発点の真向いなんだよ。通りを渡ってここに辿りつくまでに、私がどんなことをしてきたか、君にはわからんだろうねえ！」

それから二人で昼食に行き、ぼくはその場で、真意を打ち明けた。

「トラゴスさん、フランス第一の広告会社を所有すると考えてみてください。そこからの利益のおかげで、毎年一千万フランもの投資ができるのです。もうヨーロッパ中を、走り回らなくてもいいんですよ。それにヨーロッパのアカウントを支えにして、アメリカ征覇に乗り出せるとしたら、アメリカン・ドリームの実現に、これほど心強いことはないじゃないですか」

「この国は、夢でできているんじゃない。現実なんだよ」

「まさしくその通りです。私の夢は、現実的ですよ。われわれが合併して、二つのセクションを作るのです。アメリカ、アジア、オセアニア地域に関しては、あなたが株の五十一パーセントを持ってください。だがヨーロッパとアフリカに関しては、こちらが過半数を所有します。それぞれオーナーシップをとるのは世界の半分ですが、二人合せれば、世界を手にすることができるのです」

トラゴスは、考えさせてくれと言ったが、結局、断ってきた。何が原因かは、わからない。ギリシャ人の誇りか、アメリカ人の保護主義か、あるいはフランス人の独立独歩の精神か。もっとも彼がリスクを前に、怖じ気づいたのでなければの話だが。

＊

また出直しだった。

ルー、セゲラ、カイザック、グーダールの四人は、戦術会議を開いて、新たなターゲットをピュブリシス社に決定した。それでぼくが、マルセル・ブリュースタイン＝ブランシェの門を叩くことになった。

業界には、それぞれ殿堂と呼ばれるにふさわしい場所がある。たとえばファッション界では、モンテーニュ通りのパールグレイのビルが、ディオールの威光をたたえている。またレオミュール通り百番地は、ジャーナリストたちの憧憬を集めている。ここでラザレフが、『エル』、『フランス・ソワール』、『ジュルナル・デュ・ディマンシュ』などを生み出し、今なお活動を続けているのだ。マキシムは、パリジャンにとっては大聖堂のようなものだし、ゲランは、香水の聖域だ。そしてピュブリシス社は、広告界のエッフェル塔だ。灰色の大理石とモミ材でできたこのタージマハールは、王の姿をかたどっている。ブリュースタインは、人をあっと言わせるのが好きな男だ。だが人を驚かせるのは、なかなか難しい。そのことをよく物語るエピソードがある。ラザレフとブリュースタインは、互いに敬服し合っていた。だが憧れと嫉妬は、表裏一体のものだ。ふたりは、お互いにだし抜こうとして、いつも張り合っていた。ブリュースタインは、パリで一番に、自動車電話を取りつけた。彼は、これでさっそくラザレフに電話をかけた。一週間後、ブリュースタインが急な用事でラザレフに電話をすると、若い女性秘書が出て、こう言った。

「ラザレフは、ただいま外出中でございます。お急ぎでしたら、車の方におつなぎしますが」

「ほお！　自動車電話を入れたのかね」

「はい、今朝からです。今、おつなぎします」

「もしもし、ラザレフかい。ブリュースタインだが」

「やあマルセル、ちょっと待ってくれ。ニューヨークからも、電話が入ってるんだよ」

こうしてぼくは、ピュブリシス社を訪れた。妙な話だが、ここに来るのは初めてだった。パリっ子の例にもれず、ぼくも、終夜営業のドラッグ・ストアとピュブリシス映画館の常連だが、今まで一度もフランス第一の広告会社に足を踏み入れたことはなかった。ぼくはすっかり興奮してしまい、我社が業界二位だという誇りも、一位ではないという屈辱感も感じなかった。中は、ピュブリシス社の伝説通りだった。魅力的な受付嬢、BGMの流れるエレベーター、ふかふかのじゅうたん、黒人芸術の小立像、バザルリーのオリジナル画、まったく絵に描いたようだった。社長のブリュースタイン自身、シャルベのシャツに、ラバル風の白いネクタイ、上手な靴屋の丈夫な靴《ショスュール・デュ・ショスール・サッシャン・ショセー》、そして一時代前の紺のスーツといったいでたちだった。つまり、まるで一九四〇年代のモード雑誌のグラビアから抜け出たような恰好なのだ。彼の顔の中で、まず目につくのは、丸くて大きな鼻だ。小鼻の方は、ひしゃげたようになっている。まるでロクサーヌのバルコニーから、いきなりボクサーが出てきてガツンとやられたシラノ・ド・ベルジュラックというところだ。それに彼の小きざみなゾゾットマン〔「ジュ」を「ズ」と発音するくせ〕は、ポール・ミュニ風の裕福さを思わせた、まさに大戦間のスリラーに登場する主人公のようだった。

とてつもなく野心家なのか、センチメンタルなのかは知らないが、ともかく彼は、つねに逆境と戦ってきた。最初のオフィスから引っ越すとき、彼はビルの持ち主から、オフィスのドアを買い取って、次のオフィスに取りつけた。それ以後、引っ越すたびに彼はそのドアも運ばせた。シャンゼリゼのビルが火事で焼けたとき、忠誠のあかしか、おもねりか、側近たちは、指物師《さしものし》に命じて元のドアと同じものを作らせた。ブリュースタインは、エトワール広場にできた新しい派手な構えのビルに移ると、夜昼となく灯りのともったローズ色のホールに、このレプリカを永久にはめ込むと主張した。

ブリュースタインと「あなたこそ私の師です」「君こそわしの後継者だ」……といったありきたりの挨拶を交し合うとぼくは、さっそく同盟の話を持ち出した。アメリカ市場の征服をめざしてフランスで第一位と第二位の会社が手を組むこと、それにニューヨークでの体験談も話した。ビル・トラゴスは、「停滞した」市場の活性化には絶好のチャンスだと認めながら、合併を拒否した。彼は、アメリカの広告会社を、味のないソフト・チーズに例えた。さらにマジソンの異端児で、若い世代に圧倒的な人気のあるジェリー・デラ・フェミナは、「ウォルター・トンプソンやテッド・ベイツのような人間がいるかぎり、無味乾燥なチーズは、今後もなくならないだろう」とまで言ってのけた。

「社長、もしわれわれが合併すれば、ヨーロッパ最大の会社になれるのですよ」ぼくは熱心に説得した。

「セゲラ君、会社の大きさというのは、規模じゃない。信用の問題だよ」広告界の長老はこう答えた。つまり断られたのだ。それから彼は、長々と人生談を語り始めた。話は、ラジオ・シテ局のことだった。彼は、戦前、ヨーロップ1やRTLの先陣をきって、民間ラジオ局を創設したのだ。彼の局で初めて、ニュースや、司会者のいるバラエティ・ショウ、ゲーム、ラジオ広告などが、電波に乗った。

彼の話は、えんえんと続いた。何を言っても、彼を思い出から引き戻すことはできなかった。二時間というもの、ぼくは新世界征覇のために二社が結束するという本来の話題に戻そうとやっきになったが、ブリュースタインは、いっこうにおかまいなく、ラジオ・シテの話を続けた。ぼくはとうとう押えきれなくなり、

「ラジオ・シテじゃありません。ラジオ・ニューヨークですよ!」ほとんど叫んでしまった。

「なんでニューヨークなんだね?」と、彼は夢から醒めたように言った。

*

残された道は、すべてをあきらめるか、それとも思いきって挑戦するかだった。失敗するかもしれないが、あきらめるよりは挑戦してみるのが我社の鉄則だ。こうなったら、単独で大西洋を渡るしかない。神よ、われらに力を与えたまえ！

そのときビックという名の神が現れた。ビックは、アメリカに進出している最大のフランス企業だ。どうしてここから始めなかったのだろう。広告は、ギャングに似ている。取るに足りないスリも、世紀の大犯罪も、リスクは同じなのだ。

ビックは、ブランド名というだけでなく、ひとりの男、いや男爵の名でもあった。創立者のビッシュ男爵が、このブランドの顔なのだ。

十五分間の予約をとるのに、二週間待たされた。彼の人生は、まったくことわざ通りだ。早起きは、成功のもと。ボールペンの帝王は、毎朝七時に出社する。ぼくが通された部屋は、多国籍企業の会議室というよりは、イエズス会神学校の食堂といった感じだった。ビッシュ男爵は、物に固執するタイプだ。彼の出発点は、ルヴァロワ＝ペレの古ぼけた小さな工場だった。彼は、通りを渡って大きなビルを建てるまでは、そのおんぼろ工場を一歩も出なかった。そのうえ、大理石造りのいかめしい室内に、創立当時から使っている家具類をそっくりそのまま入れさせた。

会ってまず驚いたのは、男爵が大男だということだ。彼は、カナダの木こりのようにたくましく、軽騎兵のように荒っぽく、アイルランド人のように陽気だった。体つきはまるでシーザーを圧縮したようだ。

二つ目に驚いたのは、彼がまだ若いということだ。名声は、人を老いさせる。ぼくは、ダッソー社のような震え声の老社長を想像していた。だが目の前に現れたのは、指一本でぼくを部屋の隅までふっ飛ばせそうな、がっしりとした壮年の男だった。

もうひとつ驚いたのは、彼の耳に、赤い球状のものがついていたことだった。おそらく悪性のおできの痕だろうが、どうしてもそこに目がいってしまう。それだけで有名になれるような広告を、彼は自分の体につけているのだ。

彼は、スペインの歌手ルイス・マリアーノを思わせる細いクリーム色の縞が入った灰青色の背広を着ておりそれが、悪漢小説の主人公のような印象を、いっそう強めていた。

「用件は何かね」と、男爵がたずねた。

「広告のことで、伺ったのですが」

「私は、広告のことを話す連中が嫌いでね。良い広告というのは、自ら語るものだ。何か持ってきたのかね。何もないなら、これまでだ」

思いきっていくしかない……。ぼくは何も言わずに、ワゴンテーブルにのせたビデオのスイッチを押した。モニターにセルジュ・ゲインズブールが現れた。もじゃもじゃの無精髭で、相変らずタバコの燃えさしをくわえて、意地悪そうにこちらを見ている。

「俺は売り物さ。人生を全部、売っちまったよ。魂は悪魔に売り渡したし、インスピレーションは全部、歌に売りとばした。肺はタバコに、脳ミソはアルコールに、セックスは女にくれてやった。今度は……このヒゲを売りとばすってわけさ」

ゲインズブールは、ブラシで泡を塗りたくる。それからビックの使い捨てヒゲソリで、髭をそり始めた。顔がクローズアップになり、髭をそるジョリジョリという音だけが聞こえる。

「だが誰にでも売るってわけじゃないぜ。ビックにだ……」彼の顔が、画面一杯になる。髭をそったので、十歳は若く見える。最後に彼が、しめくくる。「あんたもビックにヒゲを売りなよ……」

ふつうならここで、フィルムの感想を言うか、少なくとも質問ぐらいはしそうなものだが、男爵は、一言こう言っただけだった。

「ほかにはないのかね？」

「はい、男爵、ポスターのキャンペーンがあります」

ぼくが、見本を見せ終ると、

「ほかには？」

「はい、あります」

ぼくは、次々にカンプを見せ、とうとう部屋中いっぱいになってしまった。

「ほかには？」

「はい、ラジオのキャンペーンも用意しております」

ぼくはテープのスイッチを入れた。ゲインズブールのはりのない声が聞こえてきた。

「ほかには？」

「これだけです」

「ではいずれ、セゲラさん」

ぼくは、ただひとり、茫然と部屋に取り残された。この日のために、十ヶ月の月日と十万フランの費用を投じたのだ。それなのに何の手応えもなかった。

だがぼくは、運命と出会っていたのだ。男爵のそっけない応対ぶりは、彼一流の手だった。ぼくがポスターやカセットを片付け終る頃、秘書がやってきて、ビッシュ男爵がオフィスでお待ちですと言った。ぼくは、息せき切って、廊下を走り、ドアをノックした。ドアは、自動的に開いた。中に入ったとき、ぼくは違う世界に入り込んだのかと、一瞬、目を疑った。まさにヴェルサイユ宮殿のようだった。広間は、奥行が二十メートル、天井までの高さは八メートルはあったろう。オービュソン〔タピスリーの名産地〕の豪華なタピスリーが、十枚ほど壁にかかっている。唯一空いている壁は、巨大な煖炉《だんろ》になっており、薪が燃えていた。後で知ったことだが、その炉は暖房より焼却炉として使われているということだった。男爵は、毎日、この中に書類をほうり込むのだ。黒い書類ばさみが三つ置いてあり、それぞれにボールペン、ライター、カミソリの特許が保管されていた。客用の椅子は、ひとつもない。何も乗っていない机と、主人が使っている時代物の椅子があるきりだった。まるで恐怖映画を見ているようだ。

ビッシュは、部屋中を行ったり来たりしていた。ぼくは、彼の動きを目で追っていた。そのとき奇妙なことが起った。

「ロンドンのジョンと、ニューヨークのマイクを呼んでくれ」突然、彼がこう言ったのだ。ぼくは、思わず後ろを振り返ったが、秘書も、電話も見当らない。まさにジェームズ・ボンドの世界だ。

それからあの印象深い三者会談が始まった。相手の声は、部屋の中央から聞こえてきた。鮮明で、不思議な存在感のある声だった。ビッシュは部屋を歩きながら、キャンペーン案のことを話し始めた。

一見しただけなのに、彼の説明は、シナリオのディテールからセリフの一言一言まで及んだ。驚くべき記憶力だ。

「もちろん国ごとに違うスターを使う。髭のある俳優だ。たとえばイギリス用には、ピーター・ユスチノフ、アメリカ用には、スティーブ・マックィーンといったところだ」

ぼくが口出しするまでもなく、彼には全部お見通しだったのだ。彼のしめくくりは、もっと見事だった。

「今夜、奥さんと子供にこの話をしてみてくれ。明日、連絡を待っている」彼はロンドンのジョンとニューヨークのマイクに、同時に指示した。

「ではさようなら、セゲラさん」

脚本家は、たとえ実話でも、あまり現実離れした話は書くべきでないと言う。ある線を越えると、観客がついてこなくなってしまうのだ。この話も、書くべきではなかったのかもしれない。こんな夢のような話を誰が信じるだろう。

翌日、男爵から電話がかかってきた。

「あのキャンペーン案は、フランスでは使わない。だがアメリカは乗り気だ。息子のブルーノが、ニューヨークで待っている。グッド・ラック！」

*

アメリカ行きを前にして、我社は二度目の栄光を手にした。月額十万フランの成長、まさにブルーリボン賞ものの快挙だ。さらにカンヌのフェスティバルで三つの金獅子賞《リオン・ドール》、九つのストラテジー・オスカー賞、ポスター部門ではグランプリ、他に十個もの金、銀メダルを獲得した。広告史上かつてないほどの完璧な勝利だった。その上、流通業界の四大企業を征覇したのだ。四つの壮絶な戦いに、いずれも勝利を収めた。カルフールからは、二千万フランの新規アカウントをとり、ブリジュニックからは一千五百万フラン、ギャルリ・アンスパッシュは、ベルギーでは最高の一千二百万フラン、ボン・マルシェからは一千万フランのアカウントだ。さらにギャルリ・アンスパッシュとボン・マルシェの仕事のおかげで、ウィロー兄弟と出会うことができ、ぼくたちにはまた新たな世界が開けていった。

今回も、舞台裏に回ってみると、俳優たちの性格は、劇中の配役とはまるで反対だった。ウィロー兄弟は、経営者としての態度によって、悪漢四人組のダルトン兄弟〔マンガの主人公。四人でいつも逃げ出そうとするがヘマばかりする〕とか四銃士とか言われてきた。だが実際は、四人の穏やかなおじさんたちだった。商売好きのおじさんたちは、そのおかげで財をなしたというわけだ。

彼らがブーサック社を買収して数日後、ジャン＝ピエール・ウィローから電話がかかってきた。

「セゲラ、すぐに来てくれ。テレビの家族紹介番組に出演するように兄弟たちを説得してほしいんだよ。シナリオを書いてくれないか。われわれの素顔を知ってもらういい機会だからね」

四人ともどっしりとした風采《ふうさい》で、まるで体の中に金塊がつまっているようだ。頑固な頭に、禿げ上がった額、がっしりとした肩と角ばったあご。これは意志の強い印だ。北フランス北部の実業家のユニフォームみたいなぴったりとした黒い服、デブレ風の黒い靴に、司祭のような黒い靴下をはいている。こうして勢揃いしたウィロー兄弟は、まさにバルザックの小説から抜け出したようだった。優しいレジ、厳しいベルナール、有能なアントワーヌ、したたかなジャン＝ピエール。一九五四年に彼らの父親が亡くなったとき、兄弟は、『ぼくたちは、四人でひとつの頭になります』と誓った。そしてルーベのノートルダム・デ・ヴィクトワール中学校に通う、ふつうの生徒だった四人は、二十五年後、従業員数三万人、年商百億フランの大企業の経営者となった。なにが、これほどまでにウィロー兄弟を駆りたてたのか？　金か、権力か、栄光か？　おそらく四人が力を合わせ、それを事業の上で発揮しようという願いこそが、もっとも強力な推進力となったのだろう。ウィロー兄弟は、文学界で活躍したゴンクール兄弟のように、身内の結束によって、事業を成し遂げたのだ。

四人を前にしていると、ぼくはアフリカに狩りに行って、初めて水牛の群に出くわしたときのことを思い出した。あのときは、感心するやら恐しいやらで、思いきって撃つべきなのか、地面に伏せて死んだふりをするべきなのかわからなくなってしまった。だが結局ぼくは、チャド湖のほとりにいたときと同じ行動をとった。至近距離から一発、打ち込んだのだ。「皆さんは、ダルトン兄弟だと言われていますが……」狙いはつけたものの、ぼくはそれ以上突っ込めなかった。アントワーヌが、攻撃に出て来たからだ。

「ダルトン四人組なんて、もううんざりだ。どうしてラッキー・ルーク〔ダルトン兄弟をつかまえるカウボーイの名前〕や快傑ゾロじゃなく、ダルトン兄弟なんだね」

彼は、ぼくをやりこめるつもりらしかった。

「社長、事実を直視するべきですよ」ぼくは、慎重に言った。「フランス人はだれも、あなたがたを見たこともないのに、ダルトン兄弟だと言っているのです。仇名《あだな》をひきずって歩けば、鉛のように重いはずですよ。反撃に出るべきではないでしょうか」

「そうかい、反撃しろというなら、よし、そうしようか！」

彼は電話をとって、工場を呼び出した。

「二〇一番のジーンズのネーミングは、どうなっている？……全部つけかえて、『ダルトン』としてくれ」

それから彼はぼくの方に向き直って、こう言った。

「セゲラ、ダルトン・ジーンズのキャンペーンを頼むよ……」

広告は、自ら助くる者を助く！

＊

ぼくは、仕事を通じて、ジャン＝ピエール・ウィローに親しみを感じ始めていた。この気持ちは、プロデュイ・リーブル（自由製品）のドゥニ・デュフォレイや、ウーライトのジャン＝レオナール・ボンゾンが、与えてくれたのと同じものだ。ぼくが「与える」という言葉を使ったのは、信頼と尊敬に支えられた親交というのは、まさにクライアントから広告マンへの贈り物だからだ。しかし広告課長やマーケティング・ディレクターの中には、不信の壁をはりめぐらせ、職権の中に閉じこもってしまい、何度も書類を出してから、やっと全体会議で発言するといった手合いが多いのには、驚かされる。ぼくは、毎回ためらいや不安を感じはするが、どんな大会社の社長でも、直接電話をかけ、どこにいようとすぐに会うことにしている。ジャン＝ピエールもそうした経営者のひとりで、ぼくのために、自分の部下と同じようにいつでも時間をさいてくれる。あるとき、ぼくは押えきれなくなって、彼にこうたずねた。

「ウィローの成功の秘訣は、何なのですか？」

「簡単なことだよ。経営の贅肉を落すのさ。会社を買い取るとすぐに、今までの経営にはびこっていた悪い習慣をやめさせる。これで平均十五パーセントの経費節減になる。これだけで、収支のバランスが取戻せることもしばしばだよ。経営というのは、スープのブイヨンみたいなものでね。小さくなればなるほど、スープに味がでるのさ」

ジャン＝ピエール・ウィローの経営ぶりは、まさに腕のいいコック長が、たえず火加減に気を配り、ソースの味を見ながら料理を作るようだった。

それに彼は、三百におよぶ関連会社の収支を全部言えるほどの、驚異的な記憶力を持っている。そしてこの並はずれた才能は、彼の魅力にもなっている。彼が、持っている会社の決算のことを話すと、まるでコメディアンのコルーシュと、作曲家のダバディーを合せたようだった。数字を操って人を笑わせるなど、誰にでもできる芸当ではない。たとえエルベ・ミルが、上司のジャン・プルヴォーについて言ったように「金持ちの言う冗談は、いつもおもしろい」としてもだ。彼は、ユーモアがある上に、情が細やかだった。人がちょっとでも親愛の情を示せば、彼はすぐににこやかな顔になる。ぼくは、ボン・マルシェ百貨店で、彼が店員ひとりひとりと握手しているのを、見たことがある。全員の名前を呼んで、それぞれ妻や夫や子供、両親の様子をたずねるのだ。ナポレオンも、古参の老兵に同じようなことをした。だがウィローは、感激した売り子たちの笑顔を前にして、自分も目をうるませているのだ。まわりから恐れられている彼は、会ってみると実に気のいい人物だった。

またしてもチャンスがめぐってきた。ウィローの事業熱が、ついに国外まで拡がりを見せたのだ。ベルギー第一のデパート、ギャルリ・アンスパッシュを買収すると、ジャン＝ピエールは、すぐにぼくたちに広告を依頼してきた。それからしばらくして、彼は今度はアメリカの大チェーン店、コルベットを傘下におさめた。

そのおかげで、ぼくたちのアメリカ征覇の夢も「現実」のものになりそうだった。

*

何日かのあいだ、時は歩みを止めたかのようだった。ぼくたちは、二、三時間かけて、将来のことを率直に話し合った。それは、マダム・ソレイユの予言のように、未来が要約された時間だった。物語は、まさに始まろうとしていた。ヒーローたちは、位置についた。栄光の時は、今はまだ姿を見せてはいない。だが明日はどうか？

それからしばらくして、ぼくはニューヨーク支社創立のために、ジャン＝ミッシェル・グーダールとともに、コンコルドに乗り込んだ。

偶然にも、機中で、グーダールはジャン＝ピエール・ウィローと隣り合せになり、ぼくはジャック・ドゥースの右隣りに座ることになった。

さあ、ニューヨークよ、これからが勝負だ！

広告マンは現代の道化師だ 1980年

神は、広告の力を信じておられた。
その証拠に、どの教会にも鐘がついているではないか。
——サシャ・ギトリー

神の恩寵に触れて信仰に入るように、人は広告の世界に入る。きのうまで何も信じなかった者が、一夜明ければ、広告マンになっている。とはいっても、自分が異教の祭司になったということにさえ気づいていないのだ。ぼく自身、十年間、情熱のままに突き進んできたが、いまだに目が醒めていない。

ぼくはたしかに改宗はしたが、いったい神とは何なのか。ぼくは、いつでも祭司の服や装身具を身につけてきた。たとえばエマニュエル・ウンガロのスーツに、カルチェの時計、モンブランの万年筆、ヴィトンのバッグ、それにロールスロイス。滑稽だろうか？　だとしたら、この社会全体が、滑稽なのだ。現代は、人造品、模造品の時代だ。しかし不用なものが、生活に欠かせなくなっている。ビートルズが軽薄だとしても、それが現代の音楽なのだ。広告は取るに足りないものかもしれないが、同時に経済の原動力でもある。バベルの塔の時代から、人間はずっとコミュニケーションの難しさに苦しんできた。音楽や文学、絵画、映画といったものも、これを克服してはいない。

今日、これに挑戦しているのが、広告だ。広告無用論や、逆に重大視するような考えに、惑わされることはない。広告の皮相性は、それ自体に価値があるのだ。ぼくは、広告に感動をおぼえる。受けた衝撃は、癒えることはない。ただ栄光だけが、その傷を浄化することができるのだ。広告マンは、現代の道化師、実業界の綱渡り芸人、消費社会の軽業師だ。そして彼の手には、幸福を生み出す強力な道具がある。

だがいったい誰が、この道具の正しい使い方を教えてくれるのか。

パウロ六世は、現代のあり方を、けっして認めようとはしなかった。「なにかをすること、現代社会では行為だけが重視されています。動き、変化し、生産し、楽しむ。これが、万人共通の目標なのです。しかし人々は、ただやみくもに走っているだけで、どこへ行くのかわかっていません。行動することと、それ自体が、目的になってしまったからです」でも法皇様、もしそれが新しい宗教だとしたら、人間が神として崇められ、人生を信仰することが教義になるのではないでしょうか？

東洋は諦観のうちに生き、西洋は欲望のうちに生きる。無数の人間が、富を目ざして、互いに競い合い、欲望に身を焦がしている。人生はレースだ、と言えないだろうか。そのレースこそ、ぼくの愛するものなのだ。

そして、人生レースの指針である広告が、ぼくは好きだ。障害は、さらに遠くへ、さらに高く飛びたいという意欲をかきたてる。ぼくは、走って、走って、走り抜きたいのだ。

学ぶことは、まさに生きること。だから知ってしまえば、死んだようなものだ。

「流れる水は腐らない。動く蝶番《ちょうつが》いは錆びない」これが、世界の広告王、毛沢東が座右の銘にしている言葉だ。

*

広告は、いまや音速の壁に達した。推進力が変り、手押し車から、ジェット・エンジンの時代になった。だが大変動にはつきもののことだが、広告マン自体の精神が、この時代の変化についていけない。一九四〇年代の軍人たちが、戦争に追い越されてしまったように、なんと多くの広告マンが、時代に取り残されていることか！　彼らは、何かひとつ手柄をたてると、その上に五十年は居座り、自分の椅子を守ることに汲々としている。ぼくは世界一周旅行の途中で、とても印象深い人物に出会った。サハラ砂漠の真ん中でのことだ。われわれは、トアレグ族の首長のもとに一晩泊めてもらうことになった。お礼に、その日の午後しとめたガゼルを進呈すると、女たちは砂に穴を掘って、患焼《カバブ》の用意を始めた。われわれは、男たちのテントで、よもやま話をしていた。ぼくが、ニジェールに行くにはどの道が一番いいかとたずねると、首長は、こんなふうに答えた。

「一番の道は、おまえさんが行く道じゃ。自分でつける道じゃよ。先に行った者の後から行ったのでは、いつまでたっても前の者を追い越せんじゃろうが」

トアレグ族の首長は「他人に追随することなかれ」という人生訓を与えてくれたのだ。だからぼくは、広告界で、ひとり我が道を行こうと努めた。

＊

金銭に対する反発の強いラテン・ヨーロッパでは、いつでも広告は、その犠牲になっている。フランス人は、正当な利益と暴利とを混同している。現代は、娼婦や酒、タバコといった前世紀の幸福を追放してしまった。そして次の時代は、現代の象徴とも言うべき、自動車、ガソリン、スーパーマーケットを駆逐していくだろう。広告は、自動車やスーパーを、走る機械や買い物に行く店から、もっと他のものに変えることができる。だが同時に時代の終りを予告するのも、広告なのだ。

かつてアメリカに、幸せに暮していた自動車製造業者がいた。彼の会社では——たしかナッシュとかいう名だったが——二つの型の自動車を作っていた。クーペの方は、さっぱり売れなかったが、セダンの売れ行きは、順調だった。新しい社長が就任し、まず手始めに、業績不振だったクーペの生産を中止した。するとセダンの売上げが急激に落ち、ついに会社は倒産してしまったのだ。いったい何がおこったのか？　実は、アメリカ人たちは、家庭生活の必要に迫られて、セダンを買っていたが、心の中では、クーペのハンドルを握ることを夢みていたのだ。

その夢を壊したために、会社までが、つぶれてしまった。

ぼくは会社を創立してまもなくの頃、世界一の靴メーカーのオーナー、マダム・バータにあるキャンペーンを売り込んだことがあった。彼女は、ぼくをトロカデロにある豪邸へ、お茶に招いてくれた。ぼくは、一風変った億万長者の老女が出てくるものと思って、待っていた。ところが現れたマダム・バータは、酢いも甘いも噛み分けた六十代の美しい婦人だった。見本に持っていった靴の写真は、ソフトなライティングを使った静物画風のすばらしい作品だった。当時は、アート・ディレクターの全盛期だったのだ。

「仕事は、お願いできません。靴屋というのは、靴を売っているのじゃなくて、その靴をはいた脚の美しさを売っているのですよ」

広告マンの仕事は、消費生活を豊かにすることだ。広告がなければ、商品はただの物にすぎない。そうした物に、夢を与えて、つまらない毎日の買物を楽しいものにするのだ。最近の『タイム』に、アメリカで早くから広告を使って成功した事業家の記事が載っていた。成功の秘密は、と尋ねられて、彼はこう答えている。

「私は、ドリルを作っています、去年は六ミリ径のドリルを百万個売りましたよ。でもアメリカ人が、この機械を欲しがっているからではありません。穴をあけたいと思っているからですよ」つまりいかに市場需要を掘り起すかなのだ！

ボルネオの未開のジャングルに住むある部族は、飛行機を神のように崇め、毎晩、熱心に祈りを捧げている。二十年ほど前、偶然、陸の孤島のようなこの村の上空に、航空路が開かれた。それからというもの毎日決まった時間に、大きな鉄の鳥が飛ぶようになった。村人たちは、不安と好奇心にかられ、勇者を募って、森の奥へ捜索に行かせた。男たちは何週間も森の中を歩き、海まで辿りついたとき、ついに飛行場を発見したのだ。彼らは、村に戻ると、滑走路のような道を作り、コントロール・タワーの形をした塔をこしらえた。それからというもの、彼らは毎晩かがり火を焚いて、永遠に降りてくることのない飛行機を待ち続けている。まさに呪術の世界だ！

だがわれわれもまた、似たような世界に生きている。コーヒーや砂糖や洗剤は、もはや必要ではない。必要なのは、需要を作り出すことなのだ。戦後、物不足の裏返しとして、豊かさが求められた。消費は、量的なものになった。六八年五月革命が、これに異議を唱え、フランス人は、物中心から、しだいに存在のあり方へ関心を向け始めた。もはや持つことではなく、どういう生き方をするかが大切になったのだ。今、人々は所有ではなく、生活を楽しもうとしている。

だが残念ながら、広告はいまだに、所有することしかアピールしていない。デパートのマンムートは、何と言っているか？　相変らず「安さ爆発」調だ。反対にマールボロは、どうだろう。このタバコは、一服喫えば、カウボーイに変身させてくれる。これが、広告のマジックというものだ。購入とは、取るに足らぬ行為だ。スーパーに、洗剤や砂糖やコーヒーを買いに行くほどつまらないことがあるだろうか。だがどんな消費者の心にも、詩人が眠っている。この詩人を目覚めさせるのだ。トンネルの一方から煙を入れて、もう一方から汽車が出てくるように見せるのが、広告の仕事だ。アンヌ・ガイヤールが放送界から引退したのは、消費者保護というより、消費そのものが称えられなくなったからではないか。一九七九年に、彼女の人気に匹敵する人物は、コメディアンのコルーシュだ。彼のメッセージは、百パーセント受ける。つまり詩とユーモアの問題なのだ。

アメリカに、ひとつの例がある。最近、一躍、富を築いた男の話は、まるでお伽話だ。ある時、ひとりの黒人が絆創膏の会社を訪れて、白人の社長にこうたずねた。

「黒い絆創膏を作ることができますか?」

「黒だろうが、バラ色だろうが、簡単にできますよ。だがそれでどうしようというのです?」「どうしようとかまわないじゃないですか。十万ロール作って下さい」

「承知しましたよ」その社長は、意地悪そうに笑いながら答えた。

彼は、「ブラック・イズ・ビューティフル」というすごいキャンペーンを打ったのだ。アメリカの黒人たちは、ちょっとした傷に、自分の肌と同じ色の絆創膏を貼るようになった。彼はその売上げで、一財産を築いた。白人たちまでが、この新製品にとびついた。めずらしいものの誘惑に勝てなかったのだ。

巧妙な宣伝のためだろうか。いや、そうではない。彼らは、夢を見たかったのだ。

現代社会は、広告嫌悪症にかかっている。エコロジー運動のように、何でも自然のままがいいというわけだ。だが世界を支配しているのは、自然ではなく、物の本質なのだ。広告反対を唱える人たちはお気に召さないだろうが、広告は絶対になくならない。広告というのは、実用の芸術なのだ。進歩によってのみ、成功を勝ち取ることのできる実業界で、指針の役目を果している。広告が、購買意欲をそそることをやめれば、経済活動は、停滞する。

実業界の未来は、広告の未来でもある。だが広告の未来は、広告マンの能力しだいだ。才能ある広告マンたちに、未来は開かれている。選ぶべきなのは、広告か、非広告かではなく、広告か、プロパガンダか、つまり好きなものを選べるアラカルトか、決められたメニューかということだ。広告は、欠乏経済の理論家たちを向うにまわして、豊かな社会、選択の自由を日々、説いている。

広告のない世界は、絶対服従の世界でしかない。

全体主義の国々が、それをよく物語っている。ぼくが、どちらを選ぶかは、はっきりしている。消費社会の方だ。消費なき社会の犠牲者にはなりたくない。もし広告がなければ、電気調理器具のムーリネックス社は、存在しなかったはずだ。ムーリネックスの創立者、マントレは、女性を解放したという点では、共産党のマルシェ書記長に、勝るとも劣らない。

広告は、欲望を作り出すといって非難をうける。しかし、幸せなことに欲望を作り出せる、というべきだ！　広告のエデンの園がなくなったら、人生はどうなってしまうだろう、税金は、重すぎる上に、毎年二十五パーセントも増えていく。通勤ラッシュに、公害、男女の争い。いまや、女は男に立ち向うようになったのだ。人類は自然と対立し、自然は人類すべてに対立している。これでは、まさに憎しみだけの人生だ。

ひとりの男が、ひとりの女と出会う。互いにひかれ、愛し合い、そして別れる。それが人生というもの。出会って、好きになった瞬間から、どんな醜男でも、ハンフリー・ボガードになり、どんなに醜い女でも、ローレン・バコールになれる。ふたりは、たとえ一文なしでも、南の国へ飛んでいき、ヤシの木陰で愛し合う。これこそ、幸せそのものだ。ふたりは、結婚して、たくさんの子供を作る。広告は、こうした生きるための幻影を作り出す。

人工の楽園、このコミュニケーションの楽園がなくなったら、世の中は、強制収容所、いや強制消費収容所と化すだろう。ドゴールが、マルセル・ジュリアン〔フランスのジャーナリスト、脚本家〕に、フランス人を要約して言った言葉を引用しよう。

「どこへ行こうが、フランス人っていうのは、何かすばらしいものを欲しがるものなのだよ」

広告の行き過ぎを非難するのは、自分の恋人の瞳が世界中で一番きれいだと言った青年を、責めるのと同じことだ。恋愛から他愛ない言葉を取去ったら、いささかばかげた体操にすぎなくなる。

ケネディ大統領は、就任演説で人々の心にこう訴えた。「アメリカが皆さんのために何をしてくれるかではなく、皆さんがアメリカのために何ができるかということを考えていただきたい」広告が何をしてくれるかではなく、広告のために何ができるかを考えてほしい。広告は、壁を彩り、心配事ばかりの毎日にさりげなく歌をすべり込ませ、スクリーンに幸福のイメージを花輪のように次々と送り出す。広告マンは、現代の道化なのだ。人気歌手と同じように「灰色の敷石に華やかな彩りを添え、ことばを街に連れ出して、散歩させる」広告は、歌のように、人々をあっと言わせ、感動を与え、微笑ませる。年がら年中、お祭り騒ぎだ。ジャン・コクトーが、カイゼール社から靴下のコピーを頼まれたことがあった。彼が一週間考えて作り上げたコピーは、ブランドの名を一躍広めた。「カイゼールをはかない足は、ただの運ぶ道具です」

広告マンは、現代の語り部だ。アラブのバザールで朗唱する人のように、口承伝説の最後の語り手なのだ。食前酒《アペリテイフ》のデュボネ社が作ったコピー、「デュボ、デュボン、デュボネ」などは、中世の武勲詩と言ってもいいほどだ。

フランスで最も偉大な広告マンは、ドゥースなどではない。シャルル・ドゴールだ。彼は、一九四〇年、最初の演説でフランスを勝利に導き、六八年五月、最後の演説で五月革命に終止符を打った。ドゴールは、広告マンだったが、残念ながら広告マンが、ドゴール的だとはかぎらない。消費者運動と広告嫌悪症にはさみ打ちにされて、意気地のない広告マンたちは震え上がっている。自分の影におびえ、凡庸で、月並みな良識の隠れ蓑に隠れている。それは間違いだ。ブランドこそ、消費社会のスターなのだ。だからメーカーはプロデューサーであり、われわれ広告マンは、ディレクターだ。臆病者や懐古趣味とは関係ない。ブランドを有名にし、市場で上位に喰い込むためには、既成勢力を追い落とし、常識を打ち破らなければならないのだ。

広告が、小川《リユイソー》に落ちた
それは、ルソーのせいだ
広告が、地に落ちた
それは、広告マンのせいだ

*

ぼくは、なんのてらいもなく、広告は世界を救うと言いきれる。新聞、映画、文字、音楽、絵画は、人々が語り合い、互いに耳を傾け合うために、手を差しのべている。広告も、そのひとつなのだ。コミュニケーションがあれば、平和が保たれるが、これがなくなれば、戦争になる。

「現代人は、頭は使わないが、金は使う」と、『オルフェ』の監督、ジャン・コクトーは皮肉っている。考えながら、金を使うことができないものか。フィリップ・ブーバールの言葉は、一見ユーモラスだが、深い意味を含んでいる。

「ラジオで告白する人は増える一方だが、教会で懺悔する人は減る一方だ。神の恵みより、広告の方が尊いということなのだろう」これが警句ではなく、単に発見だと考えたらどうだろうか。

フランス語の中で一番すばらしい言葉は「デリブレ」（自由にする）だ。女性が自由《デリブレ》の身になるのは、子供を産むこと。囚人を釈放《デリブレ》すれば、まさに自由だ。人は、メッセージを発する《デリブレ》。それが、コミュニケーションというものなのだ。

訳者あとがき（一九八四年）

もし、日本の広告業界で、全くのゼロからスタートしてわずか十年後に、電通や博報堂と並ぶ広告会社が現われたとしたら……。そして、その広告会社が衆参両院同時の総選挙キャンペーンで保革逆転をなしとげ、社会党書記長が総理大臣になったとしたら……。

フランスで、このありそうもないことをやってしまった広告マンがいます。広告界の「恐るべき子供」と呼ばれるジャック・セゲラです。この本は彼の波瀾万丈の自叙伝『Ne dites pas à ma mère que je suis dans la publieite Elle me croit pianiste dans un bordel（広告やってるなんて母さんには言わないで……。安酒場のピアノ弾きだなんて思うから）』Flammarion 1979 の全訳です。

セゲラは、薬剤師、冒険家、ジャーナリストといった経験を経て、広告の世界に入りました。一九六九年に自分の広告会社、ルー・セゲラ社を設立し、フランス広告界を支配する両巨頭、ピュブリシス社とアバス社にドン・キホーテ的な戦いを挑んでいきました。そして現在では、ルー・セゲラ・カイザック&グーダール社（RSCG社）として、フランス第二の広告会社にまで大きくなったのです。

また、ジスカール・デスタンとミッテランが対決した一九八一年のフランス大統領選挙で、セゲラはミッテラン陣営の選挙キャンペーンを担当し、ミッテランの劇的な逆転当選の影の演出者とも言われています。

この本の発売時にRSCG社は大キャンペーンを行ないました。『アドバタイジング・エージ』誌によれば、パリ地下鉄の駅貼りポスター、シャンゼリゼ界隈のバス停ポスター、全国二千ヶ所にも及ぶ屋外ポスター、映画館用の四十五秒CF、ラジオ・スポット、新聞広告、雑誌広告など……。総計三百万フランにも及ぶ大キャンペーンです。これによってセゲラは、自分の本を売るよりも、むしろ自分自身を、RSCG社を、ひいては広告という仕事そのものをアピールしようとしたのです。

フランスでは、企業活動に対する理解が低く、広告とは一体どんな仕事なのかがあまり知られていないようです。そのような中で、突如、彗星のように現われ、ぐいぐいのし上がってきた「成り上がり」に対して、世間が不思議に思うのは当然でしょう。また、彼自身もなかなか奇妙な人物です。オウムを調教して店頭セールスマンに使おうとしたり、四月一日のエイプリル・フールに世間をアッと驚かすような広告を出してみたり、仕事の依頼のためにサルバドール・ダリの女弟子の試練にあわされたり……。以前、世界一周の途中で立ち寄った東京でいちばん思い出深いのは西武デパートだ、などと言ってのけたりします。

この本は、多くの自叙伝にあるような自分の成功談を得々と語るという内容では決してありません。むしろ、若気の過ちや勇み足、思慮分別の足りなさや、猪突猛進したためにかえって泥沼にはまりこんでしまう、といった失敗談でいっぱいです。ポンピドー大統領を勝手にタレントとして使い、雑誌を差し押えられたり、クライアントの社長がブラジルへとんずらしてキャンペーン費用が集金できなくなったり、ラクダが噛みついたおかげで広告プランがオシャカになったり、動乱のモロッコ政府を相手に観光キャンペーンを売り込んだり、勝ち目のない新聞創刊にかかわったり、最後に自分の三度にもわたる、結婚と離婚のてんまつまで語ってくれるのです。

しかし、これらの失敗談は不思議に暗い雰囲気がありません。セゲラは全くへこたれることなく、そんな失敗ばかりしてしまう自分にいささか困りながらも、なんとかうまくやろうとしています。だからこそセゲラは成功した、という気もします。つまり、この本には広告という仕事でうまくやっていくためのノウハウがぎっしりつまっているともいえるのです。

フランスは、アメリカ、日本、イギリス、ドイツに次ぐ広告大国でありながら、その姿はほとんど日本に紹介されることがありませんでした。広告作品の質の高さやエスプリのきいたコピーなど、生きたフランス文化の一面ともいえる広告のことをもっともっと知る必要があるようです。商品開発や消費動向に関心をお持ちの方なら、プロデュイ・リーブル（ノーブランド商品）のくだりで、なるほどと思われることも多いことでしょう。そういう点からも、この本はフランス広告への格好の入門書になるのではないかと思います。

最後になりましたが、この本の共訳者の菊地有子さんと、小生に広告のイロハからたたきこんでくださったシマ・クリエイティブハウスの島崎保彦社長と諸先輩方、ならびにトッシュ・プロダクションズの諸先輩方に心からお礼を申し上げます。また資料収集などでご協力をいただいたJean-Marie Allaux氏、Jacques Marceau氏、Eric Pestel氏、寺田恕子先生、平谷由加里さん、さらに晶文社の松原明美さんに心からお礼を申し上げたいと思います。

一九八四年十一月

訳者あとがき（二〇一八年）

当時二九歳で広告会社に勤務していた私は「こんな本が出ました」と、上司に『広告に恋した男』を差し出した。その中に自分の辞表も挟み込んで、会社を辞めた。退職して外へ一歩踏み出した時に、なんとも爽快な解放感を覚えたものである。

少し前から、翻訳を手伝ってくれたフランス人のＥＰ君が、「ジャック・セゲラは、日本に行ってこの本のＰＲをやりたいらしい」と連絡してきていたので、まあ何かの手伝いが出来ればいいだろうと考えて、ぶらりとパリへ行くことにした。

なぜかルートはシベリア鉄道経由で、パリ北駅に到着。それから図々しくも知り合いの知り合いでカメラマンのアシスタントだったＡＨ君の屋根裏部屋へ居候することにして、パリでの日々が始まったのである。

「これこれの趣旨で、社長のジャック・セゲラさんにお目にかかりたい」という伝言をＲＳＣＧ社に残して、じっと先方からの連絡を待つことになる。フランス人のＥＰ君から、セゲラ氏への働きかけもいろいろあったと思う。

私が居候していたＡＨ君の屋根裏部屋は、街娼で悪名高いサン・ドニ街にあった。その筋のお姐さんたちが四六時中うろうろしている。彼女たちに惑わされることもなく、文房具屋でオリベッティのタイプライターを手に入れ、「広告に恋した男、ジャック・セゲラ氏の日本でのPR計画」みたいなタイトルでプレゼンテーションをタイプして、おおまかな見込み予算も付けて準備していた。やがてセゲラ氏とのアポイントが取れて会ったものの、飛び込みでやって来たジャポネの若造は大して相手にされない。予算書を見ながら、「これはいらない。これもいらない」とチェックを入れていくセゲラ氏は見事なビジネスマンでありました。

「やっぱり駄目でした」と、パリで知り合いになったり、お世話になった人たちに、ご挨拶をしながら、三ヶ月近いパリ滞在を切り上げて、私は東京に戻ってライター業を始めることにした。

しばらくして、セゲラ氏が日本に来た時には、フランス大使館のプロモートでやって来た。やはりオフィシャルな組織の方がきちんと対応出来ると考えたらしいですな。デパートで顔を三色旗に塗ってマネキンをやってみたり、『広告批評』の島森さんや天野さんに会ったり、たしか対談もしたように思う。そこにフランス人のEP君が、ちゃっかりと自分のポジションを確保していたのは、さすがだと思った。

あれからもう三十年。セゲラ氏のこの本を最初に知ったのは、アメリカの広告業界紙「アド・エージ」の小さな記事だった。いろいろな偶然が積み重なって、今のこの本がある。そんな人の世の不思議に思いを馳せるような年齢になってしまった自分がいる。

二〇一八年六月　　小田切慎平

◎ジャック・セゲラ

一九三四年フランス生まれ。四〇〇〇日間かけて、シトロエン2CVによる初の世界一周旅行を敢行し、帰仏後はジャーナリストとして活躍。「おれたちの時代は映画だった。君たちの時代は、広告だ」というプレヴェールの言葉で広告の世界にひきこまれる。一九六九年、ルー・セゲラ社を創設し、フランス広告界にドン・キホーテ的な闘いを挑んでいった……。洗剤から大統領まで、あらゆるものを売り出し、一九八一年の大統領選挙ではミッテランの陣営のキャンペーンを担当し、劇的な逆転当選の影の演出者ともいわれる。――セゲラはこの本によって広告そのものをキャンペーンしている。

広告に恋した男

二〇一八年六月二〇日　初版第一刷発行

著　者　ジャック・セゲラ

訳　者　小田切慎平・菊地有子

発行所　有限会社ソーシャルキャピタル
東京都大田区田園調布一-五五-一六
浅間ビル二〇三
郵便番号一四五-〇〇七一
電話〇三（六四五九）七一一五
URL https://www.socialcapital.co.jp

印刷・製本　中央精版印刷

Japanese translation copyrights 2018
©Shinpei Odagiri ©Yuko Kikuchi
ISBN978-4-9909280-4-9　C0098

この書籍は、平成30年5月11日に著作権法第67条の2第1項の規定に基づく申請を行い、同項の適用を受けて作成されたものです。